Jan Van der Vurst

Effectief beïnvloeden

HOE OVERTUIG IK ANDEREN?

VOLKSKRANT **BANEN** – SPECTRUM

Spectrum maakt deel uit van Uitgeverij Unieboek | Het Spectrum bv
Postbus 97
3990 DB Houten

Eerste druk 2008
Tweede druk 2009
Omslagontwerp: Total Identity, met dank aan Hollandse Werken, Zwolle
Omslagfoto: Jon Feingersh, Zefa/Corbis, Naarden
Ontwerp binnenwerk: Herman van Bostelen
Zetwerk: studio Xammes, Vijfhuizen

Deze uitgave is een grondig herziene versie van het boek *Respectvol beïnvloeden* dat eerder verscheen bij Standaard Uitgeverij in België.

This edition © 2008 by Uitgeverij Unieboek | Het Spectrum bv., Houten-Antwerpen
Alle rechten voorbehouden. Niets uit deze uitgave mag worden verveelvoudigd, opgeslagen in een geautomatiseerd gegevensbestand, of openbaar gemaakt, in enige vorm of op enige wijze, hetzij elektronisch, mechanisch, door fotokopieën, opnamen, of enige andere manier, zonder voorafgaande schriftelijke toestemming van de uitgever.

Voor zover het maken van kopieën uit deze uitgave is toegestaan op grond van artikelen 16h t/m 16m Auteurswet 1912 jo. Besluit van 27 november 2002, Stb. 575, dient men de daarvoor wettelijk verschuldigde vergoeding te voldoen aan de Stichting Reprorecht te Hoofddorp (Postbus 3060, 2130 KB) of contact op te nemen met de uitgever voor het treffen van een rechtstreekse regeling in de zin van art. 16l, vijfde lid, Auteurswet 1912.
Voor het overnemen van gedeelte(n) uit deze uitgave in bloemlezingen, readers en andere compilatiewerken kan men zich wenden tot de Stichting PRO (Stichting Publicatie- en Reproductierechten Organisatie, Postbus 3060, 2130 KB Hoofddorp, www.cedar.nl/pro).

All rights reserved. No part of this book may be reproduced, stored in a database or retrieval system, or published, in any form or in any way, electronically, mechanically, by print, photoprint, microfilm or any other means without prior written permission from the publisher.

Bij de samenstelling en illustratie van deze uitgave hebben auteur en uitgever de grootste zorgvuldigheid betracht. Desondanks zijn niet alle rechthebbenden achterhaald (pag. 51, 52, 55, 56, 57, 68). Mocht u een van hen zijn, dan wordt u verzocht contact op te nemen met de uitgever.

ISBN 978 90 491 0759 8
NUR 801
www.unieboekspectrum.nl
www.volkskrantbanen.nl

Voor Marinette, mijn maatje

Inhoud

Waarom zou je dit boek lezen?	12
Deel I: De basisvragen	21

1. Wat wil je precies bereiken en bij wie? 23

2. Hoe ontwikkel je bondgenootschappen? 29
   2.1   Eerst aansluiten en dan pas sturen 29
   2.2   Stoeien in het hoofd van beslissingnemers 39
   2.3   Eigen kind, mooi kind: aansluiten bij de werkstijl van iemand anders 47

3. Mentale brillen: eerst zien en dan geloven, of is het net andersom? 50
   3.1   We zien enkel wat we willen zien: mentale brillen beïnvloeden onze waarneming 51
   3.2   Over Pinocchio en Michelinmannetjes 51
   3.3   Hoezo leugenaar? 55
   3.4   Liefde maakt blind 58

4. Brillen beïnvloeden ons gedrag 62
   4.1   Over blauwe en bruine ogen 62
   4.2   Pygmalioneffect 65
   4.3   Kroniek van een aangekondigde mislukking 67
   4.4   Waar vijanden al niet goed voor zijn 70
   4.5   Praktische gevolgen 72

5. Je kunt je 'bril' verruimen en daardoor aan slagkracht winnen 73
   5.1   Verruimen van brillen naar anderen 75
   5.2   Valkuilen in relaties 75
   5.3   Het geven van negatieve feedback 78

Deel II: Hoe kun je je leven als beïnvloeder stukken makkelijker maken? 87

6. Voor wat hoort wat: de wetmatigheden en de praktijk van het mechanisme van wederkerigheid 89
   - 6.1 Zo kennen we wederkerigheid in het dagelijkse leven 89
   - 6.2 Welk principe gaat erachter schuil? 91
   - 6.3 Wat leert onderzoek ons over de impact van wederkerigheid? 92
   - 6.4 Hoe gebruik je wederkerigheid in een professionele context? 95

7. Hoe vergroot je je geloofwaardigheid? 101
   - 7.1 Sympathie: hoe kan ik iets weigeren aan iemand die ik zo graag mag? 101
     - 7.1.1 Waarom heeft sympathie zo veel invloed? 102
     - 7.1.2 Welk principe gaat hierachter schuil? 103
     - 7.1.3 Wat leert onderzoek ons over de impact van sympathie? 103
     - 7.1.4 Hoe gebruik je sympathie in een professionele context? 112
     - 7.1.5 De toepassingen op een rijtje gezet 120
   - 7.2. Hoe kun je je autoriteit en je betrouwbaarheid vergroten? 120
     - 7.2.1 Waarom is autoriteit zo belangrijk? 120
     - 7.2.2 Welk principe gaat erachter schuil? 122
     - 7.2.3 Wat leert onderzoek ons over de impact van autoriteit? 122
     - 7.2.4 Hoe gebruik je autoriteit in een professionele context? 126
     - 7.2.5 De toepassingen op een rijtje gezet 134

Deel III: Beïnvloedingsstrategieën: welk arsenaal staat tot je beschikking?   135

8. Handvatten om de rationeel denkende kant van je doelgroep te beïnvloeden   138
    8.1   Structureren van boodschappen   138
    8.2   Zo gebruik je analogieën en anekdotes   142
    8.3   De toepassingen op een rijtje gezet   144
    8.4   Overtuigen van het senior management   145

9. Alfastrategieën: hoe maak je je boodschap extra aantrekkelijk?   148
    9.1   Nogmaals, voor wat hoort wat: hoe appelleer je aan wederkerigheid   150
        9.1.1   Zo doe je het praktisch   152
        9.1.2   De toepassingen op een rijtje gezet   157
    9.2   Two million flies can't be wrong: appelleren aan sociaal bewijs   157
        9.2.1   Waardoor kennen we de invloed van dit mechanisme?   158
        9.2.2   Welk principe gaat erachter schuil?   160
        9.2.3   Wat leert onderzoek ons over de impact van dit mechanisme?   161
        9.2.4   Hoe gebruik je dit alles in een professionele context?   164
        9.2.5   De toepassingen op een rijtje gezet   169
    9.3   Hoe kun je dingen voor elkaar krijgen door te appelleren aan de behoefte om consequent te zijn: het mechanisme van consistentie   170
        9.3.1   Waarom hebben we de innerlijke drang om consequent tegenover onszelf te zijn?   170
        9.3.2   Welk principe gaat erachter schuil?   172
        9.3.3   Wat zegt de wetenschap hierover?   173
        9.3.4   Wat zegt de praktijk hierover?   177
        9.3.5   De toepassingen op een rijtje gezet   185

9.4	Verboden en zeldzame vruchten smaken zoet: appelleren aan schaarste		185
	9.4.1	Waaraan herkennen we de invloed van schaarste?	185
	9.4.2	Welk principe gaat erachter schuil?	187
	9.4.3	Wat leert onderzoek ons over de impact van schaarste?	187
	9.4.4	Hoe gebruik je schaarste in een professionele context?	189
	9.4.5	De toepassingen op een rijtje gezet	191

10. Omegastrategieën: hoe verminder je de weerstand tegen je ideeën? — 192

10.1	Contrast doet wonderen		192
	10.1.1	Waaraan herkennen we de invloed van contrast?	192
	10.1.2	Welk principe gaat erachter schuil?	196
	10.1.3	Hoe gebruik je contrast in een professionele context?	196
10.2	De langste weg is vaak de kortste		198
	10.2.1	Herdefinieer de relatie	198
	10.2.2	Gebruik verhalen en anekdotes	199
	10.2.3	Laat slapende honden rustig slapen	201
	10.2.4	Minimaliseer je verzoek	203
	10.2.5	Verander het tijdsperspectief	204
	10.2.6	Verhoog het zelfvertrouwen	204
10.3	De koe bij de horens vatten		206
	10.3.1	Geef garanties waar mogelijk	206
	10.3.2	Argumenteer tweezijdig	207
	10.3.3	Geef weerstand bestaansrecht	208
	10.3.4	Bied keuzemogelijkheden	209
10.4	Hanteer de muleta		210
	10.4.1	Weerstand afleiden	210
	10.4.2	Weerstand verrassen	211
10.5	De toepassingen op een rijtje gezet		212

Deel IV Tactieken: hoe combineer je de verschillende strategieën? 213

11. **Wanneer kies je voor welke strategie?** 215
 11.1 Wat is haalbaar en wat niet, en bij wie? 215
 11.2 Welke strategie gebruik je bij welke sleutelfiguur, en welke zeker niet? 217
 11.3 Welke beïnvloeding kan in één keer en welke neemt tijd? 218
 11.4 Een moeilijke keuze: werken aan de taak of aan de relatie? 221
 11.5 Misschien de moeilijkste vraag van allemaal: hoe zorg je ervoor dat je je beïnvloedingskennis ook echt gebruikt? 223

Dankwoord 231

Waarom zou je dit boek lezen?

Wedden dat je deze situatie kent? Daan heeft een geweldig idee. Als een idee ooit de Gouden Palm op de uitvindersbeurs verdient, vindt hij, dan is het wel dit. Hij ziet al de dankbaarheid en het ongeloof in de ogen van zijn toehoorders. 'Hoe kan iemand zo briljant zijn?' En dan al het gedrang om als eerste zijn idee te mogen toepassen.

Mooi niet dus. Hoe onrechtvaardig het ook is, een goed idee wordt niet geaccepteerd omdat het zo goed is. Was het maar zo simpel. De realiteit is deze: een goed idee dat je niet verkocht krijgt, kun je net zo goed niet hebben. Sterker nog: je kunt het beter niet hebben, want het levert alleen maar ontgoocheling op. En als het even slecht gaat ook nog een flinke dosis zelfbeklag, zoals bij Daan het geval was: 'Ze zullen er wel ooit achter komen hoe schitterend mijn voorstel eigenlijk was, maar dan is het natuurlijk allang te laat en dan moeten ze vooral niet komen zeuren.' Het wordt helemaal pijnlijk wanneer blijkt dat op je voorstel helemaal niet werd gereageerd en dat pakweg zes maanden later iemand anders met exact hetzelfde idee op de proppen komt. En kijk eens aan, nu accepteert men het wel! 'Dit kan natuurlijk alleen maar liggen aan mooie praatjesmakerij, gebakken lucht of aan haar lange benen. Om mijn idee op dat niveau te verkopen, daar voel ik mij eerlijk gezegd toch wat te goed voor. Ik wil beoordeeld worden op de kwaliteit van mijn ideeën en niet op de verpakking.'

Dat is allemaal mooi gezegd, daar niet van, maar het hoort toch vooral thuis in de rubriek 'wishful thinking'.

Dit boek is er om je de handvatten te geven en het inzicht om niet alleen dingen voor elkaar te krijgen, maar ook – en vooral – om waardevolle ideeën aan de man te brengen, want dat verdienen ze. Als je in een organisatie werkt komt daar heel wat bij kijken. Vaak meer dan je lief is. Of je het leuk vindt of niet (en een aantal van jullie zal het helemaal niet leuk vinden), als je impact wilt hebben, zul je het spel van de beïnvloeding, het spel om macht, het politieke spel moeten leren spelen. Ik besef best dat alleen al het woord 'politiek' bij een flink aantal van jullie een lichte braakneiging teweegbrengt. Dit is één van de manieren om ons er niet mee bezig te hoeven houden.

Er is een professor aan een van de grote Amerikaanse universiteiten die zich grondig heeft beziggehouden met de vraag van de interne politiek. Jeffrey Pfeffer heet de man. Hij werkt aan de universiteit van Stanford. Een van de vele onderzoeken die hij heeft gedaan, heeft te maken met het dubbele gevoel dat wij hebben rond politiek, macht en invloed. Hij legde aan mensen onder andere de volgende stellingen voor:

- 'Politiek helpt organisaties om efficiënt te functioneren'
- 'Topmanagement moet trachten politiek uit te bannen'
- 'Organisaties zonder politiek zijn gelukkiger dan deze waar dit wel sterk speelt'

Over deze stellingen bleken de meningen heel erg verdeeld. Zowat de helft van de ondervraagden was het ermee eens, de andere helft niet. Toen hij hen daarna de twee volgende stellingen voorlegde, zag het plaatje er helemaal anders uit:

- 'Bedrijfspolitiek komt voor in de meeste organisaties'
- 'Succesvolle managers moeten goed zijn in politiek'

Vrijwel iedereen was het hiermee eens. Kortom, bedrijfspolitiek zou er niet moeten zijn, maar is er wel. Dat is een dubbelheid waarmee de meesten van ons te maken hebben.

Pfeffer vertelt het fascinerende verhaal over wat zich afspeelde bij Rank Xerox. Een tijd geleden realiseerde het bedrijf zich dat hun patent op de technologie van het fotokopiëren zou aflopen. Ze wisten meteen dat met name Japanse concurrenten er ongetwijfeld in zouden slagen om machines op de markt te brengen die minstens even krachtig waren als die van hen, maar dat ze deze zouden verkopen voor een fractie van hun prijs. De concurrentieslag van hen winnen, alleen op basis van de prijs-kwaliteit, was onbegonnen werk. Een van de strategische keuzes die zich opdrong was productdiversificatie. Ze tuigden in Palo Alto, Californië, een onderzoekscentrum op dat de opdracht had om nieuwe producten te bedenken. De mensen die ze naar dit centrum stuurden, waren niet direct randdebielen. De technologieën die ze ontwikkelden, zowel op het vlak van software als op het vlak van hardware, waren briljant en baanbrekend. En dan begint het wonderlijke van het verhaal. Bij de onderzoekers heerste er een sfeer van: we zitten hier om nieuwe dingen te bedenken en dat is ons best toevertrouwd. Maar men moet van ons niet verwachten dat we die vervolgens, aan ons eigen management nota bene, gaan uitventen. Dit laatste is niet ons vak. (En wellicht voelden ze zich hier ook te goed voor.) Dit leidde tot de volgende situatie:

Door Xerox ontwikkelde technologie	Later gecommercialiseerd door
Hardware	
Draagbare computing	Grid systems
Moderne chipmakingtechnologie	VLSI technology
Laserprinters	Apple, HP
Tekentabletten	Koala
Muis- en icoongebaseerde computing	Apple
Software	
Data-based retrieval-systemen	Metaphor computer
Grafische computing & computeranimatie	Pixar
'What you see is what you get' wordprocessing	Microsoft
Postscripttaal voor high-end-printers	Adobe systems

Het nettoresultaat hiervan was dat een flink aantal van hun vernieuwingen gecommercialiseerd werd door bedrijven als Apple, HP en Microsoft. Natuurlijk speelt hier een gedeelde verantwoordelijkheid. Het was ongetwijfeld ook de taak van het management om de waarde van de geproduceerde ideeën goed in te schatten. Anderzijds hadden de bedenkers hen ook een heel stuk op weg kunnen helpen door hun vindingen op een goede manier aan de man te brengen en hun de waarde ervan te laten inzien.

Wat ik in dit boek zal doen, is niet zozeer de managementkant van de medaille belichten, hoe belangrijk het ook is om zich af te vragen hoe men als bestuurder de voorwaarden kan scheppen waarin goede ideeën naar boven kunnen komen. Wat ik met jullie wil bekijken is de andere kant van de vergelijking: hoe krijg ik mijn ideeën aan de man?

Als je erbij stilstaat, is het gericht mobiliseren en gebruiken van invloed nuttig wanneer één of meerdere van de volgende elementen gelden:

- De middelen zijn schaars
- Personen of groepen zijn onderling afhankelijk
- Er bestaan verschillende standpunten
- Het gaat om belangrijke onderwerpen

Als je dit lijstje bekijkt, is meteen duidelijk dat er vrijwel geen situaties bestaan waarin niet minstens één van deze condities aanwezig is.
Als je regelmatig met deze situaties wordt geconfronteerd en als je je impact wilt vergroten, zou ik dit boek toch maar lezen (over beïnvloeding gesproken).

Als je deze expeditie overleeft, kun je verwachten dat je:

1 meer kennis hebt van instrumenten die je in staat stellen om goodwill te creëren jegens jezelf en de boodschap die je brengt;
2 meerdere manieren en een methodiek hebt om je boodschap te laten aanvaarden;
3 over technieken beschikt om wat je hieruit hebt geleerd ook in je dagelijkse praktijk te gebruiken.
Want weet je – en dit klinkt niet per se sympathiek – *als je je invloed niet gebruikt, gebruiken andere de hunne.*

Raar maar waar, in dit boek zit een systematiek.

We zullen beginnen met ons op de meest wezenlijke vragen te richten: *de fundamenten*:
- Wat wil je precies bereiken en bij wie?
- Hoe smeed je bondgenootschappen? Want die zullen je leven als beïnvloeder heel wat gemakkelijker maken.
- Met welke bril kijk je naar jezelf als beïnvloeder en hoe kijk je aan tegen de persoon die je wenst te beïnvloeden? Meer dan alle technieken die we zullen behandelen bepaalt dit namelijk wat bij beïnvloeding mogelijk is en wat niet.

Het volgende niveau is dat van de *voorwaarden*. Invloed is nooit iets wat je hebt, maar steeds iets wat je gegund moet worden. Je kunt ervoor zorgen dat dit ook feitelijk gebeurt door te werken op twee vlakken:
- Appelleren aan het mechanisme van wederkerigheid ('voor wat, hoort wat'). Ik zal je laten zien hoe je dit in de praktijk doet.
- Uitbouwen/versterken van je geloofwaardigheid. Ook dit is iets waaraan je systematisch kunt werken, wanneer je weet wat de componenten van geloofwaardigheid zijn. Ik laat ze de revue passeren.

Het volgende deel wordt echt instrumenteel, dit is de vraag naar *beïnvloedingsstrategieën*: het 'hoe doe je het precies?'-niveau. Verwacht in dat deel een reeks specifieke technieken die geordend zijn rond twee vragen:
- Hoe maak ik mijn idee voor mijn publiek aantrekkelijker?
- Hoe verminder ik de weerstand?

Het laatste stuk is dat van de *tactieken*. Tot dan toe heb je kennisgemaakt met een scala van technieken die je zou kunnen toepassen. De laatste vraag is dan: hoe combineer ik deze tot een samenhangende strategie? Met andere woorden: wanneer doe ik wat ten aanzien van wie?

Elk van deze delen houdt een evenwichtsoefening in. Ter illustratie geef ik dit verhaal dat circuleert in de reclamewereld. Het gaat om een manager in de sector diepvriesgroenten die op zoek is naar een reclamebureau. In haar gesprek met een van de mogelijke leveranciers horen we de volgende dialoog.

'Heb je ervaring in het verkopen van diepgevroren voedsel?' vraagt de manager.
'Absoluut,' zegt de reclameman.
'En hoe zit het met diepvriesgroenten?'
'Zeker, verschillende soorten.'
'Spinazie?'
'Ja, we hebben een paar jaar geleden een succesvolle reclame gevoerd voor spinazie.'
De manager leunt naar voren, knijpt haar ogen wat dicht en vraagt: 'Hele bladeren of gehakte?'

Dit verhaal illustreert de evenwichtsoefening. Er is geen twijfel over dat hooggespecialiseerde kennis op een smal terrein uiterst waardevol kan zijn. Ook is het van essentieel belang om tevens over een ruime kennis te beschikken: expertise in fundamentele wetmatigheden van het menselijk gedrag die verder reiken dan één specifieke context. Die kennis van het tweede type maakt het mogelijk toepassingen te vinden in een veelheid van contexten. En zoals gezegd: met principes alleen red je het niet. Ik zal je de twee niveaus voorleggen. Inzicht in een aantal fundamentele processen die een grote mate van voorspelbaarheid hebben omdat ze eigen zijn aan hoe een mens in elkaar zit, en hoe mensen met elkaar omgaan. Daarbij laat ik je door een veelheid van praktische voorbeelden zien hoe een aantal van je collega's in heel verschillende organisaties en functies deze wetmatigheden toepast.

Ik heb het geluk om in de opleidingen die ik over dit thema geef, een bijzonder groot aantal mensen tegen te komen die verbazend getalenteerd en vindingrijk zijn. Dat levert een onuitputtelijke schat aan informatie op die ik graag met jullie wil delen. Zij stellen dit ongetwijfeld eveneens op prijs.

Er moet mij als slot nog één ding van het hart. Gebruik in hemelsnaam deze technieken niet in (werk)relaties die al prima lopen. Het feit dat ze prima lopen betekent dat je een aantal van de dingen die hier worden besproken al toepast. Als je in deze relaties een aantal technieken zou gaan toepassen, is het gevaar heel groot dat je een averechts effect krijgt.

Om praktische redenen zijn dit de voorwaarden waarbinnen je de materie van dit boek het best kunt gebruiken:
- De ander staat bekend als iemand met weerstand.
- Je kent de andere persoon of groep niet en wilt toch iets belangrijks van hen gedaan krijgen.
- Je hebt een slechte relatie met de ander of je maakt deel uit van een groep die een slechte relatie heeft met de groep waartoe de ander behoort.
- Misschien is dit je enige kans.
- Je hebt al alles geprobeerd, maar de ander weigert nog steeds.

Hoe complexer je beïnvloedingsvraag is, en hoe meer partijen erbij betrokken zijn, des te nuttiger dit boek wordt. Veel plezier ermee.

Deel I

De basisvragen

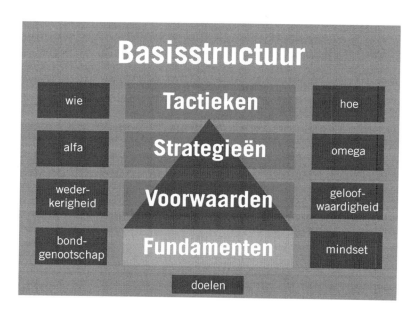

1 Wat wil je precies bereiken en bij wie?

De vraag naar doelstellingen is de eerste die je je moet stellen. Waar wil je precies uitkomen? Het antwoord op deze vraag is het criterium voor alle verdere keuzes die je in het beïnvloedingsproces zult maken. De vraag naar de doelstellingen valt uiteen in een aantal subvragen. Als je deze beantwoordt, zul je merken dat je al meteen heel wat genuanceerder denkt over je project. Hierdoor vergroot je je kansen op succes aanmerkelijk. Hier zijn de vragen:

1. WAT ZIJN JE UITEINDELIJKE TAAKDOELEN?

Of: hoe ziet het plaatje eruit als je alles hebt bereikt wat je wenst te bereiken? Het is belangrijk dat je dit beeld zo precies mogelijk invult vanuit het standpunt van een buitenstaander: wat zal deze zien en horen als het einddoel is bereikt en van wie zal hij dit horen of zien? Of: wat ligt er dan op tafel?
Een voorbeeld.

De directie heeft mij groen licht gegeven om een consultancybureau in te huren dat een Balanced Score Card voor ons bedrijf zal maken. Ik heb hiervoor een budget van 50.000 euro en kan hier zelf twintig procent van mijn tijd in investeren tijdens de komende zes maanden.

2. WAT ZIJN TUSSENTIJDSE DOELSTELLINGEN?

Deze vraag is dubbel. Enerzijds gaat het om mijlpalen: welke tussenstappen moeten wanneer gezet zijn? Het tweede aspect zijn de voorwaarden: aan welke moet worden voldaan om het eindplaatje mogelijk te maken? Voorbeeld:

- *De consultant moet mij twee weken na de aftrap van het project een gedetailleerd werkplan ter goedkeuring voorleggen.*

- Na twee maanden moet de periode van gegevensverzameling achter de rug zijn.
- Enzovoort.

En ook:

- Elk directielid is bereid twee dagen van zijn/haar tijd voor dit project in te ruimen.

3. WELKE VAN DE ELEMENTEN VAN VRAAG 1 EN 2 ZIJN *MUST HAVE*'S EN WELKE ZIJN *NICE TO HAVE*'S DIE HET VOORWERP KUNNEN ZIJN VAN ONDERHANDELEN?

De grote valstrik bij deze vraag is de neiging die we allemaal wel hebben om alles wat we willen als een *must have* te beschouwen. Want waarom zouden we tijd en energie investeren in onnodige doelstellingen? Het is echter nodig om hier kritisch in te zijn. Stel dat onze gesprekspartners hetzelfde zouden doen, dan is meteen alle ruimte weggenomen om bij verschil van mening toch nog tot een akkoord te komen. Het wordt dan slikken of stikken, waarbij één van de partijen zal moeten toegeven en ik zal zeker die partij niet zijn (denkt natuurlijk ook de ander). Om jezelf onderhandelingsmarge te gunnen is het daarom belangrijk dat je bij vraag 1 de ideale eindsituatie voor jezelf vastlegt: als jij het voor het zeggen had, hoe zou het er dan uitzien? Vanzelf ontstaat er dan ruimte voor de volgende vraag.

4. WAT IS HET MINIMUM DAT JE WILT BINNENHALEN EN WAAROM PRECIES IS DIT HET STRIKTE MINIMUM?

Het is natuurlijk niet altijd heel slim om dit meteen op tafel te leggen en zeker niet om dit als bericht de wereld in te sturen. Maar we hebben allemaal wel geleerd hoe wijs het is om voor onszelf een BATNA (*Best Alternative To a Negotiated Agreement*) in gedachten te hebben. Dit is de benaming die onderzoekers van Harvard bedachten voor een resultaat dat niet ideaal is maar toch nog net aanvaardbaar. Voorbeeld:

Als je verantwoordelijk bent voor de strategische afdeling van je bedrijf, is het mogelijk dat je er best mee kunt leven dat je directie geen groen licht geeft voor de specifieke benadering van de Balanced Score Card, zolang ze maar een aantal expliciete strategische keuzes maakt, zodat jij weet binnen welke krijtlijnen je verder kunt werken.

5. WAT ZIJN DE GRENZEN WAARBINNEN JE ONDERHANDELT, WAT MAG NIET IN HET GEDRANG KOMEN?

Deze vraag is soortgelijk aan de vorige. Het verschil is dat de vorige slaat op het eindplaatje en deze op de weg ernaartoe. Voorbeeld:

Wat niet kan, is dat dit project nog boven op je huidige werkbelasting komt: je moet er tijd voor kunnen vrijmaken.

6. WAT ZIJN PERSOONLIJKE DOELEN DIE JE MIDDELS DIT PROJECT WILT REALISEREN?

Het is heel legitiem om eigen doelstellingen na te streven, ook al zijn die niet essentieel voor de taak zelf. Een voorbeeld hiervan kan zijn: de wens om meer 'zichtbaar' te zijn in de organisatie. De vraag die je je wel moet stellen, is of deze eigen doelstellingen je taakdoelen ondersteunen dan wel in de weg staan.

7. HOE VERHOUDEN TAAKDOELSTELLINGEN ZICH TOT HET BEWAREN/VERBETEREN VAN DE RELATIE?

Het belang van deze vraag kennen we allemaal wel vanuit de politiek. Soms gebeurt het dat een politieke partij zich in een verkiezingsstrijd profileert door zich af te zetten tegen een andere partij. Soms worden regelrechte aanvallen en 'op de man spelen' niet geschuwd. Dit kan electoraal succes opleveren, maar als men vervolgens met diezelfde partij rond de tafel moet zitten om een coalitie te vormen, kan dit heel zuur opbreken. In een dergelijk geval is het nodig om eerst veel tijd te investeren in het weer rechttrekken van de relatie voordat men aan onderhandelen over de inhoud toekomt.

8. HOE VERHOUDEN KORTETERMIJNDOELSTELLINGEN ZICH TOT LANGETERMIJNSUCCESSEN?

Het voorbeeld hierboven over politiek maakt ook deze vraag helder: is een kortetermijnoverwinning het waard om kans te lopen op een vertroebelde relatie? Zul je elkaar blijvend nodig hebben of niet? Bij onderhandelingen met leveranciers maakt het een wereld van verschil om te weten of het gaat om een eenmalig contract of om een langdurige samenwerking waarbij je ook afhankelijk bent van de goodwill van die leverancier. Voorbeelden van dit laatste zijn: de leverancier heeft een monopolie of is de enige die de expertise in huis heeft om een systeem wat je bij hem hebt aangekocht ook goed te blijven onderhouden.

Zoals je ziet is er een hele berg vragen om je vooraf te stellen. En dan hebben we het nog niet gehad over de vraag naar de sleutelspelers: de stakeholderanalyse.

De eerste vraag die je je hierbij stelt is wie ze zijn. Welke partijen hebben invloed op het bereiken van je doelen? Dit kunnen zowel individuen zijn als groepen (bijvoorbeeld de it-afdeling, de vakbonden...). Als het om groepen gaat, vraag je dan af wie de belichaming van elk van deze groepen is die de uiteindelijke beslissing ten aanzien van je project of voorstel neemt. Zo kun je je strategie beter richten.

Voor elk van je stakeholders stel je je vervolgens twee vragen:

1. Wat is hun *huidige* mate van aanvaarding van je project/voorstel?
2. Wat is de mate waarin ze *momenteel* energie besteden aan je project/voorstel? Dit kan zowel positieve energie zijn (steun) als negatieve energie (tegenstand).

De praktijk leert dat we vaak onze wensen voor werkelijkheid nemen en dat we deze twee vragen soms beantwoorden in termen van hoe we het zouden willen zien in plaats van hoe het momenteel is. Kijk hiervoor uit, want als je de twee categorieën door elkaar haalt, leidt dit tot inefficiënte beïnvloedingskeuzes.

Als je elk van de stakeholders uitzet op deze twee dimensies, geeft dit je al een goed beeld van je startsituatie. Zorg er wel voor dat je je niet onmiddellijk laat leiden door de labels die je hieronder vindt. Schat ze in op beide dimensies. Dan kom je vanzelf bij een van de vijf categorieën terecht.

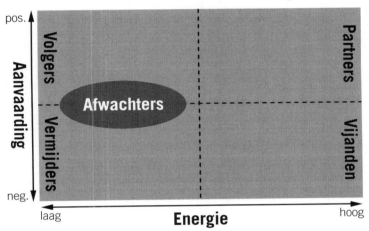

Als je ze in kaart gebracht hebt, resten er nog twee vragen:

1. Is de invloed die elk van hen heeft op het slagen of mislukken van je project/voorstel cruciaal of eerder marginaal? Als je visueel van aard bent, kun je beide categorieën van elkaar scheiden door ze een verschillend kleurtje te geven.
2. Wat is hun onderlinge invloedsverhouding? Het is vrijwel altijd zo dat stakeholders onderling met elkaar te maken hebben en dat er een onderlinge invloeds- of machtsverhouding bestaat. Vergelijk het met een dominospel: welke blokjes zullen als zij omvallen een kettingreactie tot gevolg hebben? Met andere woorden: welke van de stakeholders die ik hiervoor heb aangemerkt als cruciaal voor mijn vraagstuk hebben onderling de meeste invloed? Wanneer je deze

hebt geïdentificeerd, weet je dat zij een deel van je beïnvloedings-
werk vanzelf zullen overnemen doordat anderen hen automatisch
zullen volgen.

Het is erg belangrijk om je deze twee vragen te stellen. De antwoorden
leren je op wie je het best je kruit kunt verschieten. De energie die je
kunt investeren in het beïnvloedingsproces is immers beperkt, want dit
komt boven op al je inhoudelijke taken. Je moet zuinig met die tijd en
energie kunnen omspringen. Praktisch wil dit het volgende zeggen:

Richt je enkel op die sleutelspelers die echt cruciaal zijn en die ten
aanzien van hun medestakeholders de meeste impact hebben.

2 Hoe ontwikkel je bondgenootschappen?

Voor het bedenken van de volgende basisprincipes van beïnvloeding zul je wellicht nooit een Nobelprijs krijgen, maar toch zijn ze van essentieel belang.

1. Het is veel makkelijker om iemand te beïnvloeden die jou ervaart als een bondgenoot, dan iemand die jou ervaart als een vijand.
2. Bondgenootschap is gebaseerd op vertrouwen.
3. Vertrouwen is gebaseerd op respect: het gevoel dat anderen serieus nemen wat voor jou van essentieel belang is.
4. Beïnvloeding gebeurt door eerst aan te sluiten bij de ander en dan pas te sturen.

2.1 Eerst aansluiten en dan pas sturen

Als je iemand belt om hem wat te vertellen, moet de telefoon door die ander wel eerst opgenomen worden.

> Jasper moet wat gedaan krijgen van iemand uit een zusterbedrijf. Hij gaat ervan uit dat die persoon wakker ligt van de financiële resultaten van zijn bedrijfsonderdeel. Maar als hij daaraan appelleert, komt de ander helemaal niet in beweging.
> Op een dag krijgt Jasper een mail van hem waarin staat: 'Ik ben in het Colosseum in Rome en krijg net telefoon van persoon X die mij groen licht geeft. Bel mij even op.' Vraag van Jasper: 'Waarom moet hij er in hemelsnaam bij vermelden dat hij in het Colosseum zit?' Hij belt hem op zoals gevraagd en het eerste wat de man zegt is: 'Je raadt

het nooit, ik heb zopas een Audi-Coupé gekocht voor mijn vrouw.' Als Jasper die twee dingen samenvoegt, rijst bij hem de hypothese dat zijn collega misschien wel veel hecht aan status. Dus organiseert hij een gesprek tussen de man in kwestie en iemand van het topmanagement van het moederbedrijf. Dit geeft hem de gelegenheid om hier later in zijn bedrijf mee uit te pakken. Vervolgens neemt Jasper die topmanager even apart om hem in de marge van het komende gesprek te vragen of hij toch niet iets zou doen voor het project van Jasper. En raad eens? Midden in de roos.

Er zit veel wijsheid in de cartoon die je hier ziet.

© Gerrit Roskam, Gato Cartoons

Je ziet een visser die dol is op druiven. Als hij gaat vissen met als doel om te onthaasten en van de natuur te genieten, kan hij net zo goed druiven aan zijn haak hangen of zich zelfs de moeite en de kosten van een haak besparen. Het maakt immers niet uit of er een vis toehapt of niet. Als hij van plan is om 's avonds vis op zijn bord te hebben, dan kan hij beter een worm aan de haak doen, ook al is dat niet zijn eigen lievelingskostje.

Velen van jullie zullen Steven Spielbergs film *Schindler's List* gezien hebben. De film gaat erover dat de Duitse industrieel Schindler joden uit de concentratiekampen houdt door ze in zijn fabriek tewerk te stellen. Om in deze opzet te kunnen slagen heeft hij echter de medewerking van het Duitse leger nodig. Er komt een magistrale scène in voor over het smeden van bondgenootschappen. De bewuste scène speelt zich af na afloop van een feestje waarbij Schindler een dronken kampcommandant ontmoet. De kampcommandant in kwestie had de gewoonte om dagelijks, voor zijn ontbijt, enkele kampbewoners willekeurig vanaf zijn terras neer te schieten. Schindler wil de kampcommandant afbrengen van deze wrede willekeur. Dat is zijn beïnvloedingsopgave.

Ze zitten beiden op een terras. Schindler vraagt de kampcommandant waarom hij zo veel drinkt, terwijl Schindler hem toch regelmatig uitstekende flessen bezorgt. De kampcommandant stelt vast dat hij Schindler nog nooit dronken heeft gezien en dat hij hem daarom benijdt. De kampcommandant ziet die zelfcontrole als een vorm van macht. Schindler vraagt: 'Is dat de reden waarom ze ons vrezen?' 'We hebben de macht om willekeurig te doden,' gaat hij verder. 'Als iemand een misdaad gepleegd heeft en die man wordt terechtgesteld, voelen we ons goed. Als we die man zelf kunnen terechtstellen, voelen we ons nog beter. Maar dat is geen macht. Dat is gerechtigheid. We hebben macht wanneer we alle reden hebben om te doden maar het niet doen. Dat is wat een keizer ooit deed toen een dief voor hem werd gebracht. De dief smeekte om gratie maar wist dat hij zou sterven. De keizer liet de waardeloze man echter gaan.'

Schindler zoekt aansluiting bij de kampcommandant in verschillende stappen. Aan het begin van het gesprek uit hij zijn zorg over de gezondheidstoestand van de kampcommandant. Hij herinnert hem eraan dat hij hem regelmatig goede flessen schenkt. Hij spreekt in de we-vorm.

Na dit oppervlakkige contact via banale gespreksonderwerpen gaat Schindler een stap verder. Zonder het flauwste vermoeden geeft de kampcommandant Schindler de perfecte voorzet. Om contact te maken moet je namelijk weten wat de ander drijft en bezighoudt. Bij de kampcommandant is dat overduidelijk 'macht'. Schindler formuleert wat macht betekent voor de kampcommandant en lijkt hem zo te bevestigen in zijn visie van gerechtigheid. De kampcommandant merkt dat Schindler begrip heeft voor zijn denkwijze en luistert verder. Op dat moment heeft Schindler de commandant waar hij hem hebben wil om zijn gedrag te sturen. Met de anekdote van de keizer herdefinieert hij het begrip 'macht' tot absolute macht. Het aanwenden van macht krijgt een volslagen nieuwe lading.

Schindler sluit aan bij de kampcommandant door begrip te tonen voor zijn denkwijze. Dat begrip maakt de commandant bereid om te luisteren naar wat Schindler te vertellen heeft. Door de denkwijze van de commandant, en daarmee ook zijn identiteit, te erkennen, ontstaat er een bondgenootschap en meteen ook een ideale voedingsbodem voor beïnvloeding.

Voor alle duidelijkheid: is de kampcommandant Schindlers vriend? Geenszins. Is het nodig dat hij met alle middelen de schijn van vriendschap ophoudt om het leven van andere mensen te redden? Absoluut. Wil hij impact hebben, dan moet hij eerst contact maken en dat doet hij meesterlijk.

Een paar voorbeelden van vandaag.

Kees koopt op eBay van een Canadees bedrijf een (dure) flitser voor zijn camera. Het toestel blijkt niet te werken en bovendien werd het beloofde garantiebewijs niet meegestuurd. Kees klimt redelijk geïrriteerd in de pen. Vijf dagen later krijgt hij een (ontwijkend) antwoord. Irritatie stijgt en druipt af van de mails van Kees. Aan de andere kant van de oceaan lijkt eenzelfde proces zich af te spelen.

Kees realiseert zich dat dit weinig zal opleveren en verandert het geweer van schouder.

1. Hij doet zijn huiswerk en komt eropuit dat de bewuste leverancier zeer veel verkoopt en zeer veel positieve commentaren van klanten krijgt. Hypothese: ze zijn bonafide.
2. Het blijkt een low-cost bedrijf dat wellicht de tent runt met een minimum aan personeel en een zeer hoge werkdruk.
3. Kees schrijft een mail waarin hij de goede reputatie van de leverancier bevestigt en waarin hij zegt dat hij zich realiseert dat ongetwijfeld elk van de werknemers enorm veel op het bord heeft. Hij voegt daaraan toe dat hij best kan begrijpen dat elk van de werknemers hoopt dat de transactie vlot zal verlopen zonder extra werk van hun kant. Vervolgens schetst hij nogmaals zijn probleem en doet een paar voorstellen om het op te lossen.
4. De mails vanaf de overkant veranderen plots van toon en in een minimum van tijd ligt er een oplossing die voor beide kanten bevredigend is. Knap staaltje van de emotionele intelligentie van Kees!

Het volgende voorbeeld had slechter kunnen aflopen.

Hans wil verbouwen en heeft daarvoor een verandering nodig van het bestemmingsplan. Hij is daarover al drie jaar in gesprek met een gemeentelijke ambtenaar die telkens weer met nieuwe redenen aankomt waarom het niet kan: eerst de gemeente, dan de provincie, vervolgens het advies van deskundige architecten tot de Kroon aan toe. Hans voelt zich het bloed onder de nagels gehaald. Op een dag wordt het hem echt te gortig en is hij bereid om de ultieme confrontatie aan te gaan: 'Al moest ik hem over zijn bureau trekken'. Op een middag stapt hij op hoge poten naar de gemeente. De ambtenaar is als bij wonder ineens zeer vriendelijk en behulpzaam. Verbijstering. Alles is in één gesprek geregeld. Bij navraag bleek dat de ambtenaar veel last had van een ochtendhumeur terwijl Hans een ochtendmens is en alle gesprekken tot dan toe in de ochtend had gezet. Huh?

En het laatste liep echt minder goed af.

Een chemisch bedrijf. Een inkoopster had zeer hard onderhandeld en bij een leverancier een uitstekende prijs bedongen. Ze was bijzonder tevreden. De recordbonus was weer een stapje dichterbij. Ze gaf het dossier door aan R&D (de eigenlijke klant) om nog even de juridische voorwaarden in te vullen (betalingstermijnen, boeteclausules, enz.). De mensen van R&D, die verder met de leverancier moest samenwerken, wisten niet wat ze ineens aan hun fiets hadden hangen. De onderhandelingen liepen buitengewoon moeilijk en het kostte ongelofelijk veel tijd om uiteindelijk tot een overeenkomst te komen en vooral om de relatie met de leverancier weer werkbaar te maken. Na met de rug tegen de muur te zijn gezet door de inkoopster, wilde de leverancier per se het verloren terrein weer terugwinnen.

Het principe 'contact maken, sturen' komt erop neer dat beïnvloeding zeer gemakkelijk is wanneer je je wagonnetje (je boodschap) kunt aanhaken aan de trein van iemand anders, wanneer je jouw boodschap kunt kaderen binnen wat voor de ander belangrijk is. Of:

> Eerst goodwill en luisterbereidheid creëren en dan pas actie ondernemen.
> Of: je interventies inbedden binnen wat relevant is voor de ander.
> Of: een erkende stijl gebruiken als basis van beïnvloeding.

Waarom dit zo goed werkt, is omdat je door je aan te sluiten bij de realiteit van de ander de boodschap afgeeft dat je bent zoals de ander is en dus vertrouwd kunt worden. En dat het vervolgens heel moeilijk is om weerstand te bieden tegen wat je te vertellen hebt, omdat dit voor de ander zou neerkomen op weerstand bieden tegen zichzelf, en dat is niet erg waarschijnlijk.

Laatst sprak ik met een vriend bij de Nederlandse politie. Een van zijn taken is het onderhandelen met criminelen in gijzelingssituaties. Je moet je toch even voorstellen onder welke druk die gasten moeten werken. Letterlijk gebeurt het dat wanneer hij zich 's ochtends staat te scheren, er een telefoontje binnenkomt met de boodschap: 'Rij onmiddellijk naar plaats X. We leggen je de situatie onderweg wel uit.' Zijn taak bestaat er dan uit om in één dag (en liefst minder) iemand zo ver te krijgen dat hij vrijwillig zijn gijzelaars laat gaan en zichzelf overgeeft. Over een beïnvloedingsopdracht gesproken. Wat het vaak nog veel moeilijker maakt, is dat gijzelnemers psychisch gestoord zijn, wat hun gedrag nog extra onvoorspelbaar maakt. De opdracht is drievoudig. Eerst en vooral moet hij een band maken met een onbekende die uiterst negatief is. Vervolgens de situatie van de gijzelnemer zo goed mogelijk leren kennen, om hem ten slotte zo ver te krijgen dat hij doet wat hem door de politie gevraagd wordt. Uit ervaring weet mijn vriend dat bij iemand die psychisch gezien, zoals het in het jargon heet, een 'borderliner' is, je steeds in een ondergeschikte positie moet blijven zitten, omdat het bij die mensen vaak te doen is om hun onmacht te compenseren en zeker ook dat je hen niet kunt provoceren tot onvoorspelbaar en potentieel gewelddadig gedrag. Je doet dit door voor alles wat je doet toestemming aan hem te vragen, zoals: 'Vind je het goed als ik dichterbij kom?' 'Vind je het goed als ik je een paar dingen vraag?' Enzovoort. Een band met de crimineel wordt dan gemaakt door zo veel mogelijk punten van overeenkomst te vinden, al of niet functioneel, zoals: 'Ben je getrouwd? – ha, ik ook.' 'Heb je kinderen? – Ik ook (wel of niet)', enzovoort. Om uiteindelijk het klimaat te scheppen waarin de ander bereid is om te doen wat je zult vragen, bevestig je hem in alles wat in die richting gaat, bijvoorbeeld 'fijn dat je terugbelt, tof' en je vermijdt tegen elke prijs om 'ja' of 'nee' te zeggen, omdat dat je voor het verdere gesprek vastzet. Vervolgens definieer je de relatie als een die gericht is op het samen oplossen van het probleem. Als politieman vraag je eerst wat jij kunt doen en vervolgens vraag je wat hij kan doen, om dan af en toe te benadrukken wat de politie tot dan toe al allemaal voor hem heeft gedaan. Zo bereid je de cruciale vraag voor of het nu niet een goed idee zou zijn om ermee te stoppen. Prachtige voorbeelden van het belang om eerst aansluiting te zoeken en dan pas te sturen, en dit onder hoge druk, zowel wat de tijdsduur als wat de uitkomst betreft. Daar is zo veel uit te leren.

Als aansluiten zo belangrijk is, dan is het vanzelf nuttig om te weten waar je zoal bij kúnt aansluiten bij iemand. Wat je je hierbij afvraagt, is wat voor de ander echt een verschil maakt. Dit is niet zozeer wat de ander daarover zou roepen, maar wel wat de facto zijn gedrag stuurt. Doe dit voor elk van de stakeholders die een echte sleutelrol spelen. Onderling kunnen die flink verschillen.
Hier zijn enkele punten waar je aan kunt denken:

1. **Wat is de aard van zijn/haar werk en wat is van essentieel belang om in dit werk succesvol te zijn?**

Ga hierbij minder af op wat hierover officieel op papier staat (functiebeschrijvingen) dan wat feitelijk hoog gewaardeerd wordt. Dit kom je op het spoor door na te gaan wie in deze functies snel promotie maken en wat die personen gemeenschappelijk hebben.

2. **Met welke verwachtingen heeft hij/zij te maken?**

Doorgaans zullen verwachtingen van zijn/haar chef het belangrijkst zijn, maar ook die van zijn/haar medewerkers, collega's en andere afdelingen.

3. **Wat wordt gemeten en beloond?**

Op welke punten/parameters wordt hij/zij feitelijk afgerekend? De belangrijkste categorie zijn zijn/haar doelstellingen. Voor zover dit van toepassing is, vraag je je af waarvan iemands bonus afhankelijk is. Ook hier moet je je niet laten beetnemen door de retoriek, maar kijken naar de praktijk. Als de muren van het bedrijf vol hangen met stichtende posters over hoe belangrijk teamwork is, terwijl anderzijds alleen individuele prestaties worden gewaardeerd, zullen weinig mensen wakker liggen van die posters.

4. **Wat is de cultuur van de afdeling waartoe elk van je sleutelfiguren behoort?**

Het is soms verbazingwekkend hoe sterk de normen en ongeschreven wetten verschillen van afdeling tot afdeling. Hoe je je hoort te gedragen op een commerciële afdeling (inclusief welke kleding je draagt) kan heel verschillend zijn van wat van je verwacht wordt op pakweg een R&D-afdeling. Informele normen zijn altijd heel dwingend: men conformeert zich eraan, of wordt gemarginaliseerd. Men heeft er dus alle belang bij om zich te voegen naar de ongeschreven regels. Je zult van mensen weinig gedaan krijgen als dit meebrengt dat ze die normen naast zich neerleggen.

5. **Wat staat momenteel bovenaan het prioriteitenlijstje?**
Dit hoeft niet per se datgene te zijn wat objectief gezien het allerbelangrijkste is, maar wel wat momenteel acuut is. We weten allemaal wel dat telkens als er een conflict is tussen datgene wat belangrijk is en wat dringend, het dringende het bijna altijd wint (vraag van een opperhoofd, een aankomende audit, een incident, noem maar op).

6. **De persoonlijke werk- en beslisstijl.**
Even geduld, daar heb ik het wel over als we enkele pagina's verder zijn.

Om een valide antwoord op bovenstaande vragen te vinden, suggereren het gezonde verstand en enige realiteitszin de volgende vuistregel: luister niet naar wat mensen hierover zeggen maar kijk eerst naar wat ze doen. Hier zijn een paar hints:

- **Op welke eigenschappen van andere mensen wijst iemand regelmatig?**
Dit kan zowel positief als negatief zijn. Als je hierop begint te letten, zul je merken dat dit een bepaald patroon volgt. Het aantal verschillende eigenschappen waarop iemand regelmatig commentaar geeft, is niet zo groot. Je kunt je hierbij afvragen: waarom maakt iemand die specifieke selectie uit het oneindige aantal mogelijkheden die er feitelijk voorhanden zijn? Dit moet dan wel zijn omdat die eigenschappen een speciale betekenis hebben.

- **Wat zijn onderwerpen waar de persoon het vaak over heeft zonder dat ernaar gevraagd wordt?**
Het gebeurt wel eens dat je iemand ontmoet die je te pas en, wat vervelender is, te onpas bombardeert met citaten van management-

goeroes (en dan nog liefst in het Engels) en dat hij een vermelding heeft gekregen in het bedrijfsblad en het maar niets vindt dat iemand rondloopt in kleren in de modekleuren van vorige herfst; dan hoef je geen psychoanalytisch geschoolde psycholoog te zijn om te weten dat status niet geheel onbelangrijk voor hem is.

- **Wat zijn de eerste vragen die iemand stelt bij een nieuw voorstel?** Vraagt iemand allereerst naar wat het zal kosten? Naar wat de potentiële meerwaarde is? Naar technische details? Elk van deze categorieën suggereert een andere bekommernis. Ook in deze eerste, bijna reflexmatige vragen zit vaak een patroon en ze worden bijna los van de inhoud van het voorstel of het idee gesteld.

Als je merkt dat je voor één of voor een paar van je sleutelfiguren de vraag naar wat van cruciaal belang voor hem is niet kunt beantwoorden, vraag je dan af wie het antwoord wel kan geven. Soms gebeurt het dat je de sleutelspelers niet kunt inschatten, simpelweg omdat je te weinig kans hebt gehad om met hen om te gaan. Vraag je dan af wie je kent die wél regelmatig contact met hen heeft en schakel hen als informatiebron in. Vaak is dit een nuttig spoor omdat dit soort mensen geen direct betrokken partij is.

Ik zou het haast vergeten, maar je kunt die mensen er natuurlijk ook rechtstreeks om vragen, zolang je er maar echt in geïnteresseerd bent en je ook toelicht waarom je hun dit vraagt. Hier zijn een paar voorbeelden:

- 'Ik zou graag beter begrijpen wie of wat bepalend is om succes te hebben in je werk.'
- 'Kun je mij helpen begrijpen wat je werk eigenlijk inhoudt en wat daarin misschien het belangrijkst is?'
- 'Waar lig je 's nachts wakker van in verband met je werk?'
- 'Je lijkt bezorgd over... Waarom precies heb je die zorg?'
- 'Hoe kan ik je helpen om het je daarbij gemakkelijker te maken?'

De reden van elk van die vragen kun je aangeven door ze in te leiden met een zinnetje als: 'Ik wil er zeker van zijn dat wat ik straks voorstel ook echt relevant voor je is. Daarom...'

Vaak is het nuttig om de vragen van hierboven op te volgen met verdiepings- of toetsingsvragen. Hier zijn nog een paar voorbeelden:

- 'Wat zou het je opleveren als we...?'
- 'Als ik het allemaal goed begrepen heb, is voor jou het allerbelangrijkste dat...'
- 'Heb ik je zorg verkeerd begrepen? Wat zie ik over het hoofd?'
- 'Wat is misschien wel je allerbelangrijkste bekommernis?'
- 'Help me om beter te begrijpen waarom dit zo belangrijk voor je is.'
- 'Je zegt: "Ik vind dit intrigerend. Kun je me daar wat meer over vertellen?"'

2.2 Stoeien in het hoofd van beslissingnemers

Een mechanisme waarop we zeker kunnen aansluiten en eigenlijk ook zouden móeten aansluiten, is de beslisstijl van de persoon die we willen beïnvloeden.

Soms zouden we maar wat graag een kijkje nemen in het hoofd van de personen die we willen overtuigen. Dat soort buitenzintuiglijke waarnemingen is tot nader order voorbehouden aan Superman en zijn collega's uit het betere sciencefictionwerk. Intussen moeten we het zien te rooien met hypotheses.

In een bedrijfscontext gaan we vaak heel rationeel te werk. We proberen de ander over de streep te trekken met waterdichte argumenten, scherpe analyses, ingebracht met vaste stem en een stevige dosis zelfvertrouwen. De afwijzing van het voorstel komt dan des te harder aan. Hebben we dan niet alles in het werk gesteld om aan te tonen dat ons voorstel onweerstaanbaar is?

Waarom een goed voorstel soms geen wortel schiet, probeerden Williams en Miller uit te vissen door een onderzoek onder 1.684 managers, actief in verschillende industrieën. Welk beproefd recept hanteren ze bij het nemen van belangrijke beslissingen? Beslissen ze vanuit de buik of op basis van feiten, ervaring, uitdaging, de mening van anderen...? Wat overtuigt hen en waarop knappen ze af?

De onderzoekers kwamen tot de vaststelling dat beslissingnemers hun argumentatie doorgaans opbouwen volgens hun eigen logica. Wat hout snijdt voor hen, promoveren ze spontaan tot de enige juiste logica. Mochten we allemaal eenzelfde logica volgen, dan is overtuigen een fluitje van een cent. Helaas (en gelukkig maar) zijn we niet allemaal uit hetzelfde hout gesneden. Onze logica's verschillen dan ook van elkaar. Als we onze logica tot dé logica verheffen, kunnen we ons beter voorbereiden op een aantal teleurstellingen.

De onderzoekers gingen uit van een vaststelling die in de psychologie goed bekend is: de beste voorspeller van hoe iemand zich zal gedragen in een bepaalde situatie is het gedrag dat hij de vorige keer in eenzelfde situatie liet zien. Bij het nemen van beslissingen grijpen we spontaan terug naar manieren die in het verleden hun deugdelijkheid hebben bewezen. Vaak is dit een proces dat managers succesvol hebben gebruikt in het begin van hun carrière. Wanneer we eenmaal een beproefde methode hanteren, zijn we geneigd om die te blijven gebruiken.

Williams en Miller distilleerden uit de resultaten van hun enquête vijf verschillende beslisstijlen. Ze kwamen tot de vaststelling dat een voorstel onweerstaanbaar wordt, wanneer je je argumentatie opbouwt volgens de logica van de ander. De enige manier waarop iemand in dat geval immers nog weerstand kan bieden, zou inhouden dat hij weerstand heeft tegen zijn eigen logica. De kans hierop is klein. Dat lijkt heel vanzelfsprekend, maar volgens hun studie zou in meer dan de helft van de presentaties de argumentatie niet zijn afgestemd op de beslisstijl van de partij die moet worden overtuigd. In bijna 80 procent van de gevallen spelen verkopers in op slechts twee beslisstijlen die samen niet meer dan 28 procent vertegenwoordigen bij beslissingnemers.

Tijd om de verschillende stijlen de revue te laten passeren. Williams en Miller noemen ze: Charismatisch, Denker, Scepticus, Stabilisator en Processor.

Charismatisch (25 procent)		
Kenmerken	**Strategie om te overtuigen**	**Voorbeelden**
Makkelijk geboeid en enthousiast maar beslist uiteindelijk op gebalanceerde informatie. Enthousiaste, fascinerende, extraverte en dominante mensen. Vooral geïnteresseerd in bottom-line-resultaten.	Focus op resultaten. Rechttoe rechtaan, eenvoudige argumentatie. Benadruk de voordelen van je voorstel visueel. Laat je niet meeslepen door hun enthousiasme. Gebruik volgende buzzwoorden: resultaten, bewezen, acties, tonen, bekijken, makkelijk, helder, focus.	Stel de huidige situatie, de problemen, jouw oplossing en de voordelen (vooral het hoofdvoordeel) grafisch voor en wees bereid je diagrammen ter plaatse aan te passen. Leg uit wat zowel de potentiële problemen van je oplossing zijn als het risico van niets doen en het effect daarvan op de business. Bereid gedetailleerde deelrapporten voor die de beslisser na je presentatie kan bestuderen.

Denker (11 procent)		
Kenmerken	Strategie om te overtuigen	Voorbeelden
Moeilijkst te overtuigen.

Logisch en cerebraal.

Risico-afkerig.

Heeft met gedetailleerde gegevens onderbouwde argumenten nodig.

Doet doorgaans lang over een beslissing. | Presenteer cijfers van studies en analyses en breng nog veel meer cijfers mee dan die je presenteert.

Zorg ervoor dat je cijfers alle perspectieven dekken van een gegeven situatie (bv. marktonderzoek, klantensurveys, case-studies, kosten-batenanalyses).

Gebruik volgende buzzwoorden: kwaliteit, academisch, denk, cijfers, intelligent, plan, expert, bewijs. | Overweeg twee ontmoetingen met in de eerste:
- drie gedetailleerde verschillende opties;
- toelichting over de methode waarmee de cijfers verkregen werden; case-studies van gelijksoortige situaties.

Tweede meeting om gegevens aan te vullen en een optimaal plan voor te leggen.

Wees bereid om rustig een beslissing af te wachten. |

Scepticus (19 procent)		
Kenmerken	**Strategie om te overtuigen**	**Voorbeelden**
Trekt elk gegeven in twijfel, zeker als het niet strookt met zijn opvatting.	Zorg voor geloofwaardigheid steunend op iemand die door de beslisser wordt vertrouwd.	Presenteer je samen met een vertrouwenspersoon van de beslisser.
Is vaak strijdbaar en agressief en speelt op de man.	Laat je niet vangen door persoonlijke aanvallen.	Benadruk de geloofwaardigheid van je informatiebronnen.
Is veeleisend, rebels en houdt van bekvechten.	Laat zijn/haar ego intact.	Streel zijn/haar ego: 'Deze studie is je wellicht bekend…'
Beslist uiteindelijk op 'good-feel'.	Gebruik als buzzwoorden: voelen, grijpen, macht, actie, op z'n hoede, vertrouwen, eisen.	Heb het over de 'echte wereld' en hoe je voorstel daarvoor dient.

Stabilisator (36 procent)		
Kenmerken	**Strategie om te overtuigen**	**Voorbeelden**
Vertrouwt op eigen of andermans vroegere beslissingen voor de keuzes van vandaag. Risico-afkerig. Springt laat op een vernieuwingstrein. Is verantwoordelijk en voorzichtig.	Gebruik getuigenissen om het geringe risico te bewijzen. Stel vernieuwende maar bewezen oplossingen voor. Gebruik volgende buzzwoorden: expertise, gelijkaardig, vernieuwend, vorige.	Breng case-studies uit andere bedrijfstakken, maar benadruk dat jullie de eerste kunnen zijn in jullie tak. Praat niet over vorige mislukkingen (maar hou ze wel bij de hand indien er toch naar gevraagd wordt). Leg drie opties voor. Gebruik veelvuldige referenties en benadruk dat je voorstel financieel safe is.

Processor (9 procent)

Kenmerken	Strategie om te overtuigen	Voorbeelden
Louter feitengericht, geen emoties. Gedetailleerd en precies. Sterk analytisch. Verfoeit onzekerheid en dubbelzinnigheid. Implementeert enkel de eigen ideeën.	Wees uiterst gestructureerd in je argumentatie. Geef alleen details als je erkend wordt als expert in de materie. Realiseer je dat hij alleen zichzelf overtuigt; push je voorstel niet maar geef alle informatie door waardoor hij (misschien) tot jouw conclusie komt. Gebruik volgende buzzwoorden: feiten, redelijkheid, macht, doen, details.	Stuur de beslisser gedurende maanden continu resultaten van relevante studies. Onderlijn feiten die het probleem illustreren. Wijs op tegenstrijdigheden in gegevens en laat de beslisser ze analyseren. Wacht tot de beslisser zelf om een ontmoeting vraagt.

In je stakeholderanalyse is het belangrijk om te weten welke beslisstijl domineert bij elk van je sleutelfiguren. De volgende vraag is dan natuurlijk hoe je dit te weten komt.

De meest voor de hand liggende manier is het hen te vragen. Ervaring leert dat dit niet veel bruikbaars oplevert, omdat weinig mensen zich graag in een hokje laten plaatsen en dus geneigd zullen zijn te zeggen dat ze alles wel doen. Daar schiet je niet zo veel mee op. Je krijgt meer betrouwbare informatie wanneer je voor jezelf nagaat welk soort vragen je stakeholders stellen tijdens discussies of presentaties. Om op deze manier een juist beeld te krijgen, moet je je wel bewust zijn van de kleur van je eigen bril. Als je niet uitkijkt, zul je je hun vragen selectief herinneren. Het is dus het beste om, als je daartoe de kans hebt, al hun vragen letterlijk te noteren en je nadien af te vragen welke rode draden erdoorheen lopen.

Een tweede nuttige manier is om je te laten informeren door collega's van de betrokkene. Vaak levert dit betrouwbare informatie op, al moet je je toch nog bewust zijn van de bril die daarbij gebruikt wordt.

Toch nog een paar opmerkingen. Als je je zaak beargumenteert voor een groep, kun je moeilijk je redenering op vijf verschillende manieren presenteren. Het is dan wijs om eerst je huiswerk te doen en je af te vragen wie de beslisser is en je dan op haar of hem te richten.

Voor alle duidelijkheid: zoals dit het geval is met elke typologie, is ook deze een sterke vereenvoudiging van de werkelijkheid. Niemand is zo voorspelbaar dat hij netjes binnen de kaders van een type blijft. Het voordeel van het hanteren van een typologie is dat het je een goede richtlijn geeft. Je kunt dan de 80/20-regel gebruiken. Je redenering opbouwen conform aan de logica van de beslisser zal je een heel eind op weg helpen en zal je zeker meer dienst bewijzen dan wanneer je alleen maar je eigen logica gebruikt.

2.3 Eigen kind, mooi kind: aansluiten bij de werkstijl van iemand anders

Het nemen van beslissingen volgt een patroon dat vaak herhaald wordt, omdat het zijn succes heeft bewezen. Een dergelijk fenomeen is terug te vinden in de werk- en denkstijl die mensen doorgaans gebruiken. Hetzelfde principe geldt: op basis van aanleg en ervaring heeft elk van ons zich een manier van werken eigengemaakt waarmee we het best uit de voeten kunnen en die we daardoor ook hoog inschatten. 'Als ik op die manier en aan dit soort dingen belang hecht, en bovendien weet dat ik geen uilskuiken ben, dan moet deze manier van werken toch de goede zijn. Dus als iemand anders eveneens op die manier werkt, is hij/zij vast uit het goede hout gesneden.'

Ook hier geldt de basisregel dat je boodschap slechts zal doordringen als je haar vertaalt in een 'taal' die de taal is van de ander. Wat we doorgaans automatisch doen, is ons tot anderen richten conform onze eigen logica. Als die andere persoon uit hetzelfde hout is gesneden als wij, begrijpen we elkaar met een half woord. Als dat niet zo is en we hebben van de ander iets nodig, minstens zijn aandacht voor wat we te vertellen hebben, dan doen we er goed aan onze boodschap te vertalen in categorieën die voor anderen relevant zijn, en op een manier die zo veel mogelijk lijkt op de favoriete manier waarop de ander werkt.

Hier is een voorbeeld:

> Een tijdje geleden gaf ik een beïnvloedingstraining. Zoals dat wel eens vaker gebeurt, begon dat met een rondje rond leerbehoeften. Je kent dit wel: 'Wat zou een mooie uitkomst van de training voor je zijn?' Een van de deelnemers was een interne trainingsadviseur. Wat zij erg mooi zou vinden is als ze na het programma over een paar handvatten zou beschikken om het haar chef aan zijn verstand te peuteren dat hij nu maar eens eindelijk met dvd's en cd-roms moest gaan werken en niet meer met cursusmappen die misschien in de Middeleeuwen populair waren, maar nu zo volslagen uit de tijd. 'Want,' vervolgde ze, 'ik heb echt al alles uitgeprobeerd, tot en met hem voorrekenen tot twee cijfers achter de komma, dat dit veel rendabeler zou zijn.'
> Wat later in de cursus bleek dat rendabiliteit en bij de tijd zijn voor haar

chef niet echt onbelangrijk waren, maar dat hij in eerste instantie zijn beslissingen nam op basis van het langetermijnleereffect van de trainingen en cursussen die hij in zijn portefeuille had. Als de adviseur dit in de gaten had, kon ze haar voorstel daarbinnen kaderen. Niet alleen werd zo de kans op succes veel groter, maar bovendien bespaarde het haar de ergernis om haar chef hoofdzakelijk een conservatieve achterdeur te vinden.

Hiernaast vind je een overzichtje van hoe werk- en denkstijlen fors van elkaar kunnen verschillen. Zoals het met elk van deze lijstjes gaat, is het geen absolute of-of, maar is er wel op elke dimensie een duidelijke voorkeur voor de ene dan wel voor de andere pool te vinden. Hoe meer van deze voorkeuren je kunt overnemen, des te gemakkelijker wordt de communicatie met je sleutelfiguur en des te groter zijn/haar bereidheid om naar je te luisteren.

Verschillen in werkstijl

Focus op problemen (glas half leeg, wat nog *niet* klaar is, wat mislukte)	Focus op successen (wat al bereikt is)
Divergent denken (nieuwe opties; implicaties van wat al besproken is)	Convergent denken (verminderde opties; komt snel tot oplossingen)
Wil structuur (regels, routines, voorspelbaarheid, geen verrassingen)	Neemt genoegen met dubbelzinnigheid (weinig eenduidige regels)
Eerst analyse, dan actie	Actie komt vóór analyse (snelle actie en verzamelen van gegevens die uit actie voortkomen)
Focus op de grote lijnen	Focus op details
Logisch/rationeel (feiten, cijfers, geen vertrouwen, geen intuïtie)	Intuïtief (vertrouwt meer op aanvoelen dan op feiten/gegevens)
Zoekt risico's op (probeert nieuwe dingen, bereid om te falen)	Vermijdt risico's (voorzichtig, oplossingen die nut bewezen hebben)
Ontzag voor autoriteit (accepteert wat autoriteit zegt of w lt)	Trekt autoriteit in twijfel (is het oneens, gaat in het verzet)
Relatie eerst (goed gevoel bevordert soms kwaliteit van de taak)	Taak eerst (goede relaties zijn secundair)
Zoekt meningsverschil en moedigt het aan	Vermijdt meningsverschil en conflict
Competitief (wil winnen, maakt situaties tot persoonlijke win-verliestest)	Samenwerkend (zoekt win-winuitkomst)
Reageert allereerst in functie van eigen behoefte	Zet de behoefte van anderen op de eerste plaats
Neemt graag de leiding (bepaalt richting en aard van activiteiten, wil alle beslissingen zelf goedkeuren)	Is graag volger (accepteert beslissingen)
Werkt graag alleen	Werkt graag samen met anderen

3 Mentale brillen: eerst zien en dan geloven, of is het net andersom?

Een man komt op spreekuur bij zijn arts.
'Ik weet dat het bizar lijkt en eigenlijk geen steek houdt, maar de realiteit is niet anders: ik ben al drie dagen overleden.'
'Pardon???'
'Ik zei het je toch dat het nauwelijks te geloven is, maar het is niet anders.'
De arts put zich uit in het vinden van voor de hand liggende redenen waarom de patiënt zich natuurlijk vergist en wellicht hallucineert of wat dan ook. Hij heeft het over dood-zijn en naar de arts wandelen en hoe logisch dit wel is, dood-zijn en praten en wat hij nog meer verzint dat geen steek houdt. Volslagen vruchteloos. En pillen voorschrijven zal ook niet veel helpen, want hoe zou iemand die ervan overtuigd is dat hij is overleden, de moeite nemen om ze door te slikken? Plots daagt bij de arts het licht. Hier kan hij zeker niet onderuit.
'Bloeden lijken volgens jou?'
'Natuurlijk niet, zeker niet als ze al een paar dagen lijk zijn.'
De arts kan moeilijk een triomfantelijk glimlachje onderdrukken als hij zich omdraait, een scalpel neemt en zijn patiënt een flinke jaap in de arm verkoopt.
De patiënt trekt wit weg als hij het bloed uit de wond ziet lopen. Hij kijkt verbijsterd naar zijn arm, naar de arts, weer naar zijn arm, laat zich totaal ontdaan op een stoel neervallen. 'Jezus, hoe heb ik mij ooit zo kunnen vergissen...? Lijken bloeden tóch.'

Mooi verhaal, niet? En een prachtige illustratie van hoe brillen werken, hoe hermetisch ze wel zijn en hoeveel weerstand ze bieden aan nieuwe informatie. Belangrijk genoeg om er qua beïnvloeding bij stil te staan.

3.1 We zien enkel wat we willen zien: mentale brillen beïnvloeden onze waarneming

We horen een liedje of lezen een boek en denken dat het over ons gaat. We willen een auto kopen en zodra we weten welk merk en type we willen, is het alsof er alleen nog dat type auto's rondrijdt. We staan in de supermarkt en alsof de duivel ermee speelt, staan we toch steeds in de rij die het minst opschiet. We kennen het allemaal. We weten best dat de liedjesschrijver of auteur in kwestie ons niet kent, en dat het vreemd zou zijn wanneer plotseling iedereen uit honderden autotypes net dat ene wil, en dat eenvoudige statistiek ons leert dat we even vaak in een snelle als in een langzame rij staan, en toch...

Ons persoonlijke referentiekader of onze 'mentale bril' is verantwoordelijk voor dit fenomeen. Onze verzameling van kennis, ervaring en alles wat ons bezighoudt, bepaalt hoe we de werkelijkheid waarnemen, niet alleen wat we zien maar ook wat we niet zien. Laten we dit even bekijken aan de hand van enkele experimenten en dagelijkse voorbeelden.

3.2 Over Pinocchio en Michelinmannetjes

Stel, je laat aan iemand de eerste twee bovenstaande plaatjes zien en aan iemand anders toon je alleen de eerste twee plaatjes die op pagina 52 staan. Vervolgens toon je aan beiden kort het laatste plaatje van bovenstaand drietal of van het drietal op de volgende pagina. Je vraagt hun op te schrijven wat ze zagen. Het hoeft je niet te verbazen dat de eerste persoon het zal hebben over Pinocchio en de tweede zal refereren aan Michelin.

Deze situatie geeft vrij plastisch weer hoe standpunten kunnen verschillen en beide partijen toch een pertinente reden hebben om achter hun standpunt te staan. De vraag is hoe je tot een consensus kunt komen.

Als we de situatie analyseren, zien we dat voor beide personen een geschiedenis of verleden werd gecreëerd. Wat je waarneemt, kun je pas begrijpen als je het plaatst in het geheel van je waarnemingen tot dan toe. Als jij en een andere persoon een verschillend verleden hebben, heb je een verschillend perspectief, waarbij jouw waarneming wordt getoetst aan jouw persoonlijke verleden. De realiteit blijft dezelfde, maar hoe je die interpreteert, welke betekenis je eraan toekent, gebeurt op basis van je verleden.

De twee personen die elk een andere tekeningenreeks te zien kregen, interpreteren het laatste beeld vanuit de andere beelden die ze hebben gezien. Als ze nadien horen dat wat voor hen Pinocchio is, voor de ander een Michelinmannetje blijkt, ervaren ze eerst gevoelens van ongeloof en verzet. Beiden zijn ervan overtuigd het verschil te kennen tussen Pinocchio en een Michelinmannetje. Het fascinerende is dat de ander even overtuigd is van wat hij gezien heeft. Het gevaar van zo'n situatie is dat je in een mum van tijd in een hevige discussie verzeilt over wie het bij het rechte eind heeft. De valstrik is dat je rotsvast van je standpunt overtuigd bent en dat je weet waarover je spreekt. Met zo'n houding wil je slechts één ding: de ander overtuigen van jouw standpunt en hem zijn ongelijk doen inzien. De boodschap die je de ander meegeeft, is dat hij er volledig naast zit of het niet eerlijk speelt. Met zo'n boodschap verwerp je de realiteit van de andere persoon en raak je snel in moeilijkheden. Hoe meer expertise je denkt te hebben in het onderwerp, hoe meer je geneigd zult zijn om je expertise te veralgemenen tot de realiteit. De enige uitweg op dat moment is de ander te vragen om zijn standpunt toe te lichten. In stresssituaties wordt die handelwijze steeds minder waarschijnlijk omdat stress de eigenschap heeft ons denken zwart-wit te maken. Eerst aansluiten en dan sturen is in dergelijke situaties helemaal niet evident.

Je moet bereid zijn om te communiceren met anderen en hen om toelichting te vragen. Hoe zien zij de situatie? Wat is hun definitie van wat je beiden waarneemt, maar toch anders interpreteert? Opnieuw zul je sterk de neiging vertonen om jouw gelijk bevestigd te zien.
Hier is een typisch voorbeeld.

> *Stel, je hebt een nogal hevige discussie gehad met iemand anders. Ieder bleef bij zijn eigen standpunt maar bij elke ronde net iets harder. Uiteindelijk gingen jullie uit elkaar. Heel onbevredigend. De kans is groot dat je over het dispuut wilt praten met een derde persoon. Wellicht heb je de neiging om als derde persoon iemand uit te kiezen van wie je hoopt of weet dat hij jou gelijk zal geven. Het is dan kennelijk niet de bedoeling om de waarheid te achterhalen maar wel om bevestigd te worden in jouw mening. Een meningsverschil houdt immers potentieel het gevaar in dat de dingen anders zijn dan jij denkt. Je houvast komt in het gedrang en daarom zoek je een bondgenoot. Je zult er de mening van wie dan ook bij halen om jouw standpunt kracht bij te zetten, precies omdat houvast zo belangrijk is. Hoe we de cirkel dan helemaal rond maken, is door nadien aan nog een andere persoon te vertellen hoe verkeerd de persoon met wie we een meningsverschil hadden het wel zag en dat we overigens niet de enigen zijn die dat vinden, maar dat ook anderen met wie je*

gesproken hebt dezelfde mening waren toegedaan. Kortom: het gevaar is bezworen. Hoe wij de dingen zien, blijkt de enig juiste manier te zijn. Oef, er is weer rust in de tent.

Nog een voorbeeld over het belang van houvast.

Toen ik aan het werken was voor de Nederlandse vestiging van een Amerikaans bedrijf, werd bekend dat er een studie was gestart over het reorganiseren van de vestiging. Zoals vaak gebeurt, bleef wat geheim moest zijn voor het personeel niet lang een geheim. Iedereen wist meteen dat de studie niet opgezet werd om het organigram te hertekenen, maar wel om te bepalen hoeveel banen er moesten sneuvelen. Zodra mensen lucht kregen van de studie, bevonden ze zich opeens in een situatie tussen twee trapezes. De oude trapeze – het vroegere houvast – was weg, want het zou zeker veranderen, terwijl de nieuwe trapeze er nog niet was: namelijk hoe het eruit zou gaan zien, welke plaats eenieder in het nieuwe plaatje zou hebben, als er al een plaats voor hem of haar was voorzien. De situatie leidde tot een acuut gebrek aan houvast in een situatie waarin veel op het spel stond. Er ontstond een 100 procent voorspelbare geruchtenstroom.

Wat maakt dit fenomeen zo voorspelbaar? Opnieuw ligt de verklaring in de behoefte aan houvast. Mensen zullen er alles aan doen om dit terug te winnen, ook al is het een fictief houvast. Liever dat dan in complete onzekerheid blijven. Dat verklaart ook waarom we bereid zijn om zo veel energie in geruchten te steken.

Dat is ook de reden waarom in een periode van veranderingen het verleden wordt geïdealiseerd: als we onszelf er maar voldoende van overtuigen hoe goed het vroeger was, komt het misschien wel terug, ook al is dit tegen beter weten in.

Hiermee is ook verklaard waarom het doorgaans verstandiger is om bij reorganisaties te communiceren over wat zal blijven zoals het vroeger was, en wat anders zal worden. Dat is beter dan het alleen te hebben over de veranderingen. In dit laatste geval haalt men alleen houvast weg, waarmee een grotere weerstand wordt gecreëerd.

3.3 Hoezo leugenaar?

Bekijk de tekening. Wat zie je?
Het zou best kunnen dat je een gezicht ziet.

Als je dan nog eens kijkt naar de witte letters tegen een zwarte achtergrond, dan zie je iets compleet anders. Hebbes? Vraag het anders aan iemand die toevallig in de buurt is.

De reden voor dit fenomeen ligt voor de hand en wordt door psychologen 'pregnantie' genoemd. In dit geval is het gezicht van een persoon pregnanter dan een geschreven woord, dus zullen we het gezicht eerder opmerken en stoppen we met zoeken naar de betekenis zodra we één betekenis hebben ontdekt.

We zien hetzelfde mechanisme als in het voorgaande experiment: we kennen betekenis toe aan de hand van wat we kennen uit ons verleden. Zodra onze hersenen een nieuwe prikkel krijgen, lopen we onze bestanden af tot we een overeenkomst vinden met een beeld dat we ergens hebben opgeslagen. Vervolgens proberen we dat op het volledige beeld toe te passen. Wanneer dat lukt, zien we het onmiddellijk;

lukt het niet, dan wordt het almaar moeilijker om een betekenis toe te kennen. Wat we ook proberen, we activeren steeds hetzelfde aanknopingspunt en zien dus steeds hetzelfde. Als we eerst een gezicht zagen, is het moeilijk om dat niet meer te zien. Hoe langer je bezig blijft met één bepaalde betekenis, des te moeilijker wordt het om een andere te zien: hoe vaker je focust op het gezicht, hoe dieper je die bepaalde groef van betekenisgeving inkrast.

Wanneer we eenmaal betekenis hebben toegekend aan een beeld, slaan we die betekenis op en is het onwaarschijnlijk dat we die nog vergeten. Daarom zijn eerste ervaringen zo belangrijk: de eerste chef die we hadden, wordt ons archetype van wat een chef is. Met dat archetype zullen we alle volgende chefs vergelijken. Het eerste project dat we afleveren en het succes of de afwezigheid daarvan zal een grote invloed hebben op ons zelfbeeld en geloof in onze kans van slagen bij volgende projecten.

Kijk naar de tekening die nu volgt.

Wat zie je? Wellicht heel wat, maar niet echt iets wat betekenis heeft. Kijk nu naar de tekening hieronder.

Als je nu terugkijkt naar de vorige, zie je wellicht wat anders dan de eerste keer. Dit is de eerste wetmatigheid van mentale brillen: wat past bij onze bril, dringt zich op aan onze waarneming. Een aantal vrouwen onder jullie herinnert zich misschien dat toen ze zwanger waren, opeens heel wat vrouwen zwanger bleken te zijn. Dit fenomeen zou je kunnen verklaren op basis van vrouwelijke solidariteit: zij zwanger, allemaal zwanger, maar waarschijnlijker is het dat er iets met de waarneming gebeurt. We gaan ineens selectief waarnemen en zien opeens bepaalde fenomenen om ons heen.

We beschikken allemaal over modellen die we op de werkelijkheid leggen om die werkelijkheid te begrijpen. Dat mechanisme vloeit voort uit onze wezenlijke behoefte om te vatten wat zich rondom ons afspeelt. Houvast krijgen is het hoofdmotief voor die behoefte. Als de aannames die je maakt of de betekenis die je aan iets toekent niet overeenstemmen met wat je waarneemt, raak je uit balans, wat negatief en onprettig aanvoelt. Om dat evenwicht te herstellen, zullen we onze perceptie aanpassen tot het plaatje weer klopt.

Onder het motto 'de werkelijkheid overtreft altijd wel de verbeelding', het volgende verhaal.

We gaven een opleiding waarbij we voor een bepaalde oefening bazen vroegen om een medewerker mee te brengen naar de training. Iemand van de deelnemers, Veerle, meldde op voorhand dat dit bij haar niet zou lukken, omdat ze maar één medewerkster had, Hilde, die al zeven maanden niet meer met haar wou spreken. Veerle had overigens geen idee wat daarvoor de reden kon zijn. Dit was intrigerend genoeg voor mijn collega Joris om na te gaan wat er aan de hand was. Ga maar er maar even goed voor zitten.
Zeven maanden eerder ging een van de collega's van de dienst met pensioen. Zoals daar gebruikelijk was, ging er een bruine enveloppe rond van bureau tot bureau waarin mensen een bedrag konden deponeren voor een gezamenlijk geschenk. Veerle was in het kantoor van Hilde toen de enveloppe langskwam. Ze had wat uit haar portemonnee genomen, het in de enveloppe gestopt en omdat ze op dat moment opgepiept werd, had ze per ongeluk haar portemonnee op de tafel van Hilde laten liggen. Dit was de reden waarom Hilde niet meer met haar wou praten. Huh?

De verklaring was de volgende. Hilde kwam uit een boerengezin. Wanneer er een nieuwe poetsvrouw in dienst kwam, werd er steevast de volgende test gedaan. Er werd wat kleingeld onder het tafelkleed gestopt om na te gaan hoe eerlijk de nieuwe hulp wel was. De achtergelaten portemonnee had voor Hilde dezelfde betekenis gekregen. Kennelijk vertrouwde Veerle haar zo weinig dat ze haar wilde testen. Reden genoeg om niet meer met haar te praten. Terwijl het feit dat ze niet meer praatte voor Veerle reden genoeg was om ernstig na te denken over overplaatsing naar een andere dienst.

3.4 Liefde maakt blind

Zodra we iets wensen te geloven, zien we plotseling alle argumenten die dit ondersteunen en worden we blind voor de tegenargumenten.
(George Bernard Shaw, 1856 – 1950)

Het zal je wel eens overkomen zijn of misschien weet je het van horen zeggen hoe zalig het is om tot over je oren verliefd te zijn en alleen maar de goede kanten van je aanbedene te zien, en wat nog mooier is: kennelijk is dit wederzijds (dit is de eerste wetmatigheid van brillen). Daar komt nog bij dat we alle kleine kantjes van iemands gedrag of karakter niet in de gaten hebben; zalig toch? Of: hoe er naast een jonge moeder 's nachts een vliegtuig kan neerstorten en ze rustig doorslaapt, terwijl ze meteen wakker schrikt bij de eerste kik van haar baby. Wat prozaïscher: je zou het volgende experiment kunnen doen. Zonder ernaar te kijken teken je zo nauwkeurig mogelijk de wijzerplaat van je polshorloge na. Je zult ervan versteld staan hoeveel details je over het hoofd ziet. Het is op zich vreemd omdat elk van ons vele duizenden malen naar die wijzerplaat heeft gekeken, maar kennelijk met een andere 'bril' dan om te zien hoe het horloge eruitziet.

Alle voorbeelden wijzen naar de tweede wetmatigheid van brillen: wat niet past bij onze bril, neigt uit de waarneming te verdwijnen. Op zich is dit een zeer nuttig mechanisme, want het staat ons toe ons enkel te focussen op die elementen die voor een bepaalde taak relevant zijn en om alle ruis weg te filteren. De prijs die we daarvoor betalen is – nogmaals – dat we selectief waarnemen.

Politiemensen kennen dit fenomeen heel goed. Het gaat dan over de betrouwbaarheid van ooggetuigenverklaringen. Mensen die iets zagen gebeuren op twee meter afstand, zullen met hun hand op het hart en later in de rechtbank onder ede verklaren dat ze iets met 100 procent zekerheid gezien hebben, zeker als het gaat om iets wat ze kennen, bijvoorbeeld de kleur of het merk van een auto. Wanneer een situatie emotioneel geladen is, neemt de kans verder toe dat allerlei filters ons waarnemen vertroebelen.

Het zal je opgevallen zijn dat beide wetmatigheden van brillen (wat past bij de bril, dringt zich op en wat niet past, wordt weggefilterd) elkaar versterken. De combinatie van beide leidt tot dezelfde ongelooflijk belangrijke conclusie: we nemen almaar meer waar wat we vooraf al geloven. Dit opent een bijzonder fascinerend perspectief, namelijk dat er wellicht een hele werkelijkheid bestaat die we niet kennen en niet kunnen kennen, alleen omdat we ze niet geloven. In relatie met mensen plaatst dit ons voor het volgende dilemma: we zijn enerzijds geneigd om verschillen van mening met anderen ofwel te ontkennen ofwel te elimineren door de mening van de ander te ontkrachten. Anderzijds kan onze kennis alleen maar toenemen bij de gratie van het hebben en waarderen van verschillen in mening. Dit is waarin genieën zich onderscheiden van de meesten onder ons, gewone stervelingen. Het is je wellicht bekend dat in de periode waarin Einstein zijn relativiteitstheorie formuleerde, er onder fysici een brede consensus was over het feit dat het grootste deel van de vragen van de fysica wel opgelost was en dat het enkel nog ging om het verfijnen van reeds verworven inzichten. Dit is wat brillen wel toelaten: binnen bestaande premissen verfijningen aanbrengen. Toen kwam Einstein en hij veranderde de premissen. In welk veld van kunst of wetenschap dan ook is dit de essentiële bijdrage van een genie en is dit overigens ook de reden waarom geniale inzichten in eerste instantie met heel veel passie worden bestreden.

Voordat je het idee krijgt dat brillen alleen maar beperkende kenmerken hebben: het zijn wel exact dezelfde mechanismen die een arts in staat stellen om heel snel een diagnose te stellen, die een politieman het mogelijk maken direct sporen te zien en die in om het even welk professioneel veld maken dat iemand een echte expert wordt. Een mentale bril leidt tot heel verfijnd professionalisme, zij het binnen de grenzen van een bepaald referentiekader.
Recentelijk hoorden we hiervan een prachtig voorbeeld:

> *Onze gesprekspartner was een Nederlandse politieman die gespecialiseerd was in ordehandhaving bij grote publieke manifestaties. Hij maakte deel uit van een Europees netwerk van collega's die regelmatig 'best practices' uitwisselen. Onlangs was er tijdens een betoging in Italië een moord gepleegd. De politie kon 50 getuigen identificeren. Gezien de emotionele context waren ze zich ervan bewust dat ze wellicht na ondervraging 50 totaal verschillende persoonsbeschrijvingen van de dader te horen zouden krijgen. Daarom wonnen ze advies in bij psychologen. Deze vroegen hun een lijst van zo divers mogelijke persoonskenmerken van elk van de getuigen, inclusief hun beroep.*

> Vervolgens stelden ze voor om elk van de getuigen slechts één aspect van de dader te laten beschrijven. Aan kappers vroegen ze enkel naar haarsnit en -kleur, aan mensen uit de kledingindustrie details over kledij inclusief de maat, aan visagistes details over gelaatskleur en handen... Toen nadien de puzzelstukken werden samengevoegd, leverde dit een persoonsbeschrijving op die zo duidelijk was (meer dan 90 procent van de gegevens was absoluut exact) dat de dader heel snel kon worden geïdentificeerd. Vanaf nu is dit een 'best practice' die in heel Europa wordt gebruikt.

In dezelfde rubriek: het kan niet de bedoeling zijn te voorkomen dat we door een mentale bril kijken. Dergelijke pogingen zijn even nuttig als proberen ervoor te zorgen dat er geen westenwind meer is. Natuurlijk hebben we een referentiekader. Godzijdank hebben we zo'n bril, anders zouden we het niet redden. De enige relevante vraag is of we ons af en toe bewust kunnen zijn van de beperkingen die onze manier van kijken inhoudt, zeker wanneer die verschilt van hoe een ander de dingen ziet.

4 Brillen beïnvloeden ons gedrag

Onze bril heeft niet alleen een impact op onze waarneming maar ook op ons gedrag én dat van anderen. Meer nog, de brillen die we hanteren, dragen er actief aan bij dat wat we al denken over anderen, niet alleen wordt versterkt en bevestigd, maar meer nog: dat we er onbewust actief aan bijdragen dat onze verwachtingen van die persoon nog blijken uit te komen ook.

4.1 Over blauwe en bruine ogen

Na de moord op Martin Luther King in 1968 besloot Jane Elliot, een lerares op een lagere school in Ohio, het volgende experiment te doen. Ze deelde haar klas op in twee groepen: de kinderen met bruine ogen en die met blauwe. Vervolgens vertelde ze dat kinderen met blauwe ogen om een veelheid van redenen superieur waren. Om het verschil nog te accentueren liet ze elk van de bruinogen een gekleurde kraag dragen, zodanig dat de anderen al van een afstand konden zien dat ze tot de inferieure groep behoorden. Ten slotte gaf ze als instructie mee dat kinderen met bruine ogen niet mochten spelen met kinderen met blauwe ogen.

Wat later op de speelplaats en de rest van de dag gebeurde, is even boeiend als onthutsend: de zogenaamd inferieure kinderen verliezen alle zelfvertrouwen, trekken zich terug en worden depressief. Bij de zogenaamd superieure kinderen gebeurt niet alleen het tegendeel, maar meer nog: sommigen gaan de bruinogen jennen en maken hen zo boos dat ze de blauwogen beginnen te schoppen. Dit laatste fenomeen illustreert de derde wetmatigheid van mentale brillen: we zullen ons zo gedragen dat we bij anderen het gedrag uitlokken dat we van hen verwachten zonder dat we het in de gaten hebben, laat staan dat we het bewust of opzettelijk doen.

Het experiment toont aan hoe makkelijk het is om de objectieve werkelijkheid te veranderen en te vervangen door een willekeurig gekozen andere realiteit. Hoe oppervlakkig de verschillen tussen mensen ook mogen zijn, wanneer die verschillen eenmaal worden aangeduid als een teken van superioriteit versus inferioriteit, van aanvaarding versus verwerping, van waardevol versus waardeloos, worden ze geïnstitutionaliseerd, worden er regels en normen gemaakt en verwachtingen gecreëerd omtrent hoe mensen met een bepaalde status zich zouden moeten gedragen. De kloof wordt nog groter wanneer de subjectieve realiteit de enige werkelijkheid wordt voor iedereen die erbij betrokken is. Zij die worden beschouwd als inferieur, gaan zich inferieur gedragen en hetzelfde geldt voor hen die als superieur worden beschouwd.

Zonder twijfel kan een dergelijk experiment om ethische en pedagogische redenen vandaag niet meer worden uitgevoerd. Opvallend in het experiment is niet alleen dat de realiteit makkelijk voor een andere ingeruild wordt, maar ook de rol van de lerares als autoriteitsfiguur die het experiment mogelijk maakt. Door hun vertrouwen geven de kinderen haar de mogelijkheid om hun realiteit een andere betekenis te geven. Ze kan hun denken en gedrag sturen en zolang ze dit vertrouwen ten goede gebruikt, is er geen probleem.

Voor alle duidelijkheid: Jane Elliot gaf bij het begin van haar experiment aan dat ze de volgende dag de rollen zou omkeren en dat dan de bruinogen superieur zouden worden. Ze deed dit ook, met exact hetzelfde resultaat.

Een tijdje geleden vertelde ik over dit experiment aan een groep politiemensen in Amsterdam. Eén van hen was een officier die werkte bij de vreemdelingenpolitie. Hij zei dat hij het werk van Elliot kende en recentelijk een eendaagse workshop had bijgewoond waarin het experiment werd herhaald, deze keer met volwassenen. Hij belandde in de 'inferieure' groep. Hij wist dus wat er ging gebeuren, hoe het in zijn werk zou gaan en waarom een en ander zo was opgezet. Niettemin waren de effecten onontkoombaar. Een van de dingen die Elliot in haar workshops doet, is af en toe aan de deelnemers eenvoudige puzzels of raadsels voorleggen. De politieman zei dat hij tot zijn eigen ontzetting tegen het eind van de dag niet meer in staat was om relatief eenvoudige vraagstukjes op te lossen.

De parallel met hoe we soms met allochtonen omgaan, ook in ons onderwijssysteem en bij sollicitatieprocedures, ligt voor de hand.

Even terug naar de aandeelhouderanalyse. Je hebt je stakeholders daarbij ondergebracht in de matrix met vijf categorieën. De kans is groot dat iedereen die terecht is gekomen in de categorieën 'Vijanden', 'Vermijders' of 'Afwachters' in je beleving 'bruinogen' zijn. Als dat zo is, is het gevaar groot dat je ten opzichte van hen terechtkomt, in wat met een duur woord een 'negatieve attributiecyclus' wordt genoemd. Hoe dat mechanisme werkt, zie je hieronder.

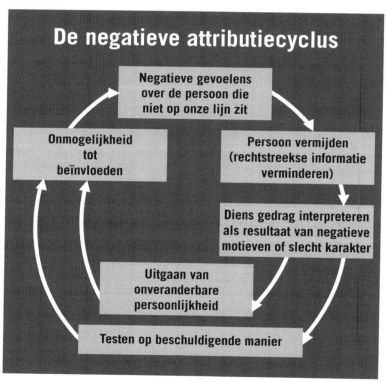

Als we over iemand een negatief oordeel afroepen, ligt het alleen maar voor de hand dat we die persoon gaan mijden. Wie vindt het nu leuk om met een ettertje op te trekken? Hoe voor de hand liggend deze reactie ook is, helpen doet ze ons niet veel. Al was het maar dat een beeld dat we van iemand hebben alleen kan worden gecorrigeerd door realiteitstoetsing. Wanneer we iemand mijden, vermindert de kans daarop, dus wordt de waarschijnlijkheid groter dat we ons beeld overeind houden. Als we vervolgens zijn of haar gedrag toch willen verklaren, zijn er twee mogelijkheden. Ofwel is het eenvoudig, die persoon is nu eenmaal zo, wat wil je dan nog? De tweede mogelijkheid is dat we het met hem/haar opnemen. Als het beeld dat we van hem/haar hebben negatief is, moeten we ons niet echt verbazen dat we hem/haar benaderen op een beschuldigende of verongelijkte manier en is het helemaal niet vreemd dat hij/zij daar negatief op reageert. 'Zie je wel?' In beide gevallen hebben we ons moe gemaakt om uiteindelijk terug bij af te zijn: er is eigenlijk geen land mee te bezeilen.

Het vervelende van dit proces is dat we geneigd zijn om het los te laten op personen van wie het belangrijk is dat we ze juist wél kunnen beïnvloeden, en dat we door zo over hen te denken, feitelijk onze handen vastbinden.

4.2 Pygmalioneffect

Het experiment van Jane Elliot toont aan hoe negatieve verwachtingen negatief gedrag uitlokken. Positieve verwachtingen kunnen een situatie echter net zo ingrijpend veranderen als negatieve. De Harvardpsycholoog Robert Rosenthal en de schooldirecteur Lenore Jacobson toonden dit aan in een experiment op een basisschool. De naam van het experiment verwijst naar het gelijknamige theaterstuk van G.B. Shaw (*My Fair Lady*), waarin een professor van een bloemenmeisje een dame weet te maken, doordat hij haar als dame behandelt.

Het experiment wilde nagaan in welke mate positieve verwachtingen van leraren een effect hebben op de intellectuele prestatie van leerlingen, bijvoorbeeld op hun IQ. Alle leerlingen op de school ondergingen een zogenaamde Harvardtest, die kon voorspellen welke leerlingen voorbestemd waren om later heel goede resultaten te halen. De psychologen die het experiment leidden, selecteerden na de test willekeurig 20 procent van de leerlingen als uitverkorenen. De leerkrachten kregen een lijstje met de namen van de uitverkoren leerlingen in hun klas, maar ze mochten niets laten blijken. De kinderen waren er zich dus niet van bewust dat hun leerkracht bepaalde verwachtingen van hen had. Acht maanden later bleek dat de geselecteerde leerlingen er intellectueel inderdaad meer op vooruitgegaan waren dan de andere leerlingen. Ze werden dus slimmer doordat hun leerkrachten dat van hen verwachtten. Vier factoren speelden een rol in deze zichzelf waarmakende voorspelling:

Klimaatfactor: De leerkrachten creëren een zeer gunstig klimaat voor de leerlingen van wie ze veel verwachten. Ze zijn vriendelijker tegenover hen en tonen dit zowel verbaal als non-verbaal.
Inputfactor: De leerkrachten brengen kinderen van wie ze hogere verwachtingen hebben meer bij. Als je geen hoge verwachtingen hebt, steek je er minder energie in.
Reactiefactor: Kinderen aan wie hogere verwachtingen gesteld worden, krijgen vaker de kans om te antwoorden, ze blijven langer aan het woord, en de leerkracht helpt hen om het antwoord te formuleren. Ze werken samen.
Feedbackfactor: De kinderen worden meer geprezen wanneer ze een goed antwoord geven. Bij kinderen van wie ze minder verwachten, zijn leerkrachten soms bereid om een slecht of matig antwoord te aanvaarden. Leerkrachten zullen dan niet veel uitleg geven over wat het juiste antwoord wel is, omdat ze het nut niet inzien van een kind iets bij te brengen dat volgens hen nooit echt slim zal worden.

Ook dit experiment toont de invloed aan die een autoriteitsfiguur heeft op de ontwikkeling van het zelfbeeld van kinderen en zo ook op hun denken als volwassene. Het zelfbeeld van een kind dat veel wordt geprezen en aangemoedigd, zal logischerwijze verschillen van dat van een kind dat tot bescheidenheid wordt aangemaand: 'Doe maar gewoon, dan doe je al gek genoeg.' De opvoeding thuis en op school zijn daarom heel bepalend voor het zelfbeeld dat we ontwikkelen, juist omdat een kind afhankelijk is van autoriteitsfiguren en er daarom ook veel waarde aan hecht.

Deze wetmatigheid geldt voor elke nieuwe context waarin we terechtkomen. In elke nieuwe situatie stellen we ons een identiteitsvraag: 'Wie zijn we en doen we het goed?' We zullen hierbij automatisch op zoek gaan naar de mening van referentiepersonen: personen aan wiens oordeel we belang hechten. Dit wijst nogmaals op het belang van 'eerste ervaringen'.

4.3 Kroniek van een aangekondigde mislukking

Het Set-Up-to-Fail Syndrome van Manzoni en Barsoux toont aan hoe in een bedrijfscontext de brillen van managers negatieve gevolgen kunnen hebben op werknemers en hun prestaties. Als je als manager iemand als een zwakke medewerker begint te zien, bijvoorbeeld omdat hij een deadline niet heeft gehaald of omdat het bedrijf door zijn toedoen een klant heeft verloren, is het interessant om na te gaan welk effect jouw houding op die medewerker heeft. Als je vertrouwen in de medewerker begint te wankelen, is de kans groot dat je hem meer zult controleren en minder positieve feedback geeft. De medewerker zal dit aanvoelen en aan zichzelf beginnen te twijfelen. Hierdoor wordt de kans op nieuwe fouten van de medewerker groter, waardoor je je indruk alleen maar bevestigd ziet. Zowel je medewerker als jijzelf komen in een spiraal terecht die negatief is. Die spiraal doorbreken is niet makkelijk. Wanneer je eenmaal met een idee over de medewerker rondloopt, is de kans klein dat je jezelf in twijfel trekt. Zelfs een rechtstreeks gesprek met de medewerker ligt moeilijk, doordat van weerszijden brillen meespelen, en dus selectieve waarneming. Je zult zijn visie op de zaken inkaderen in jouw perceptie, en omgekeerd zal je medewerker hetzelfde doen.

De medewerker maakt misschien nog een kans als hij de zaak aankaart bij een van jouw collega's die naar jou toe een veel geloofwaardiger bron kan zijn dan de medewerker zelf.

Kroniek van een aangekondigde mislukking

Chef

Maakt zich zorgen over prestaties van medewerker.

Interpreteert gedrag van medewerker als bewijs van diens prestatieprobleem.

Mening chef wordt bevestigd.

Medewerker

Ervaart gedrag van chef als blijk van wantrouwen.

→ zelfvertrouwen vermindert

Geeft de hoop op om grootse dingen te doen en trekt zich terug om negatieve ervaringen te vermijden.

Tracht vertrouwen te herwinnen door zich irreële doelen op te leggen. → FAALT

Verzande werkbare routine

Overplaatsing of ontslag.

© Harvard Business Review

Even terug naar de dagelijkse realiteit in bedrijven. Als je zelf de leiding hebt over een groep mensen, ga dan even terug naar het moment waarop je je huidige team van je voorganger hebt overgenomen. De kans is groot dat je voorganger je bij de overdracht ook vertelde welk vlees je met het nieuwe team in de kuip zou krijgen. Je moet je dan voor de geest halen hoe beïnvloedbaar je was in die periode, want je was bijna per definitie vrij onzeker over je nieuwe taak. Dit is een moment waarop heel vaak brillen worden doorgegeven van de ene leidinggevende naar de andere en *self-fulfilling prophecies* worden bestendigd.

Nog een belangrijke toepassing: personeelsbeoordelingen. Onze mentale bril bepaalt in hoge mate hoe we naar anderen kijken. Vaak gaan we de ander daarbij onbewust afmeten aan onze eigen standaards. Beoordelingssituaties waarbij één chef oordeelt over een medewerker zijn daarom heel gevoelig voor subjectieve vertekening. Om dat probleem op te vangen integreren sommige bedrijven in het beoordelingsproces een stap waarbij de beoordelende chef informatie over de medewerker moet inwinnen bij een drietal personen die met de medewerker hebben samengewerkt. Vaak is de keuze van die personen dan nog altijd subjectief, maar het oordeel wordt tenminste gebaseerd op een ruimere input.

Als er toch slechts één beoordelende chef is en haar oordeel over de medewerker zou negatief zijn, dan ligt het in de lijn van de verwachtingen dat ze haar oordeel wil onderbouwen. In het beste geval laat ze zich niet leiden door indrukken maar door feiten. Dan wordt het echter nog veel moeilijker om subjectieve oordelen niet te laten meespelen. Door feiten bij elkaar te zoeken verantwoord je voor jezelf je negatieve oordeel. Het is echter heel moeilijk om van jezelf in de gaten te hebben dat je feiten verzamelt op basis van selectieve waarneming. In een dergelijk geval is de enige uitweg om jezelf te verplichten naast feiten die het negatieve oordeel onderbouwen, ook feiten te vinden die het tegendeel aantonen en dan pas een eindbalans op te maken. Het is immers weinig waarschijnlijk dat iemand alleen maar negatieve dingen zou doen (of alleen maar positieve). Bij een negatieve beoordeling is dit nog belangrijker omwille van wat psychologen de 'negativiteits-*bias*' noemen, namelijk de neiging om meer belang te hechten aan iets negatiefs

dan aan het positieve. We doen dit van nature in een ratio van ongeveer één op vijf. Dit betekent dat we ongeveer vijf positieve elementen moeten vinden om één negatief element in balans te brengen.
Het volgende schema vat de wetmatigheden van mentale brillen mooi samen.

Je gaat je zo gedragen dat je bril werkelijkheid wordt

4.4 Waar vijanden al niet goed voor zijn

We hebben het er eerder over gehad dat het beïnvloeden van iemand die ons als bondgenoot ervaart gemakkelijker is dan van iemand die in ons een vijand ziet. Paradoxaal genoeg zijn we eerder geneigd om onze vijanden te beïnvloeden dan onze bondgenoten. Wanneer we de analogie nog even verder doortrekken, willen we vooral bruinogen beïnvloeden. Het feit dat we hen als bruinoog bestempelen, maakt echter dat we vooral hun negatieve kanten waarnemen, waardoor we het ons extra moeilijk maken om aansluiting bij hen te vinden. Dat is immers de voorwaarde voor beïnvloeding. Als dit zo is, waarom plaatsen we dan zo snel mensen in de categorie bruinogen? We zouden dit niet doen als er behalve nadelen niet ook voordelen voor ons aan vastzitten.

Bruinogen irriteren ons maar ze hebben ook charmante trekjes. Een van die trekjes kun je makkelijk ontdekken wanneer je na het werk in de trein naar huis zit, de plek bij uitstek waar mensen zich na hun dagtaak ontladen. Er wordt heel wat afgepraat, niet in het minst over anderen. Een typisch gesprekspatroon is dan: 'Hij zei... maar ik zei... en toen zei hij... maar ik dacht...' Uit zo'n gesprek blijkt tussen de regels door dat je je eigenlijk veel beter voelt dan degene over wie je het hebt. En is het niet handig om mensen in de buurt te hebben die je toestaan om dat gevoel te hebben? Daarom roddelen mensen natuurlijk ook zo graag. Het geeft ze de gelegenheid om te demonstreren hoe goed ze zelf wel zijn. Hoe onzekerder ze zijn, hoe groter de behoefte van mensen om te roddelen, want het creëert een gevoel van zelfwaarde. Tenzij het een doel op zich wordt, heeft roddelen daarom een nuttige functie.

Omdat anderen ons die grote dienst bewijzen, helpen we hen vaak nog een handje.

Het volgende voorbeeld illustreert hoe het soms belangrijker is iemand in het verdomhoekje te houden dan succesvol te zijn in onze beïnvloeding.

> *Stel, je zoon is 18 jaar en heeft net zijn rijbewijs gehaald. Op zaterdag vraagt hij je of hij de auto mag lenen om uit te gaan. Je ziet het al voor je: net zijn rijbewijs gehaald, zaterdagavond en jouw mooie wagen. Geen sprake van. Je zoon weet echter hoe hij het moet aanpakken en krijgt de sleutels, op voorwaarde dat hij stipt om middernacht weer thuis is. Hij is nog maar net de deur uit of je denkt al: dat had ik niet moeten doen. Al snel weet je met zekerheid dat hij om halftwee nog niet thuis zal zijn, laat staan met een auto die nog heel is. Je fantasie is al goed op dreef en je blijft koste wat het kost wakker*

tot hij terug is, je zit recht voor de deur zodat je hem niet kunt missen. Je houdt de klok nauwlettend in de gaten en merkt bij klokslag elf dat hij er nog steeds niet is. Je had natuurlijk niet anders verwacht. Het wordt kwart voor twaalf, nog geen spoor van je zoon. Om twee voor twaalf staat hij voor je: 'Je ziet dat ik op tijd ben.' Jij: 'Maar het scheelde niet veel!'

Deze situatie toont aan dat het ons klaarblijkelijk in de eerste plaats niet te doen was om onze zoon succesvol te beïnvloeden om op tijd thuis te zijn, maar wel om ons beeld over hem, namelijk dat van een onverantwoordelijke losbol, overeind te houden. Daarom voelen we zelfs wat ontgoocheling als hij er toch staat op het afgesproken uur. Als een ander dan toch handelt zoals we willen, valt dat soms tegen, want het negatieve gedrag van de ander zou ons positieve zelfbeeld versterken. Daarom provoceren we dat negatieve gedrag soms en zijn we niet echt gelukkig wanneer de ander bijdraait. Hierbij is weer de beslissende vraag: waar is het ons eigenlijk om te doen? Willen we beïnvloeden of ons zelfbeeld overeind houden? Beide motivaties zijn legitiem. We moeten echter wel helder het onderscheid kunnen zien.

4.5 Praktische gevolgen

1. Als je negatief hoort praten over één of meer van je stakeholders, vraag je informatiebron dan altijd ook naar tegenvoorbeelden.
2. Vermijd om je te laten informeren over je nieuwe medewerkers wanneer je als chef een ploeg overneemt.
3. Als je merkt dat een medewerkster minder frequent bij je binnenloopt, spreek haar daar dan over aan.
4. Zorg ervoor dat je moeilijke klussen over verschillende medewerkers verdeelt.
5. Als je met een onderhandelingspartner een conflict hebt gehad, plaats je dan even in zijn positie en vraag je af wat je gedaan kunt hebben waardoor hij geïrriteerd raakte.

5 Je kunt je 'bril' verruimen en daardoor aan slagkracht winnen

Het grootste deel van wat wij 'redeneren' noemen, bestaat uit het vinden van argumenten die ons toestaan om te blijven geloven wat we tot dan toe al geloofden.

(James Harvey Robinson)

Als we onze mentale brillen als een onveranderlijk gegeven zien, dan is de kous af en kunnen we niets anders doen dan de loop der dingen aanvaarden. Als we impact willen hebben, heeft determinisme echter weinig zin. Laat ons dus onderzoeken waar er mogelijkheden zijn om onze mentale brillen aan te pakken.

Wanneer je eenmaal de mechanismen van brillen begrijpt, kun je je afvragen of het mogelijk is dit patroon te doorbreken of te sturen. We geloven stellig dat dit mogelijk is, al gaat het niet vanzelf. De kenmerken van onze brillen zijn immers zelfbevestigend: hoe vaker je een patroon doorloopt, hoe makkelijker je hetzelfde patroon opnieuw doorloopt. Hoe vaker je een zelfbeeld tot stand hebt gebracht, des te meer het zich verzet tegen veranderingen.

Nemen we een situatie binnen een bedrijf als voorbeeld. Wanneer een persoon of een afdeling eenmaal een slechte naam heeft, is het moeilijk voor de persoon of afdeling in kwestie om ervanaf te komen. Zodra je een bepaalde afdeling als slecht bestempelt, treden alle mechanismen van brillen in werking. Alles wat past bij het slechte beeld van de afdeling, valt op, je hoeft er zelfs niet naar te zoeken. Alles wat niet past bij dat beeld, zie je niet, want je kunt toch onmogelijk alles opmerken? In werkelijkheid voer je alle argumenten aan om te blijven denken wat je al dacht. Je kunt ook aantonen dat je gelijk hebt door echte feiten. Gemakshalve vergeet je, weliswaar vaak onbewust, dat het gaat om geselecteerde feiten die passen bij het beeld dat je al had.

Hoewel een erkennende stijl, waarbij we aansluiten bij de leefwereld van iemand anders, de meeste kans van slagen heeft bij beïnvloeding, gebruiken we vreemd genoeg meestal een verwerpende stijl. Impliciet of expliciet geven we de andere persoon de boodschap dat hij het bij het verkeerde eind heeft en dat hij er beter aan zou doen onze zienswijze over te nemen.

Personen of situaties die we willen veranderen, omschrijven we meestal in termen van bruinoog. We hebben hun een negatief etiket toegekend, dat we natuurlijk afkeuren. Door een verwerpende stijl te hanteren verminderen we met zekerheid onze beïnvloedingsmogelijkheden. Het is heel natuurlijk dat we dit doen. Wanneer we aan het begin van een training aan deelnemers vragen om concrete situaties te inventariseren waarvoor ze via de cursus handvatten willen krijgen, verschijnt er vrijwel altijd een parade van bruinogen. 'Hoe ga je het beste om met "negatievelingen"?' 'Wat doe je met mensen die zichzelf overschatten?' 'Hoe ga je om met superieuren die zich intimiderend gedragen?' Door dit soort etiketten op personen te plakken treden alle automatismen van mentale brillen in werking. Alles wat past bij onze bril valt ons op, en de andere elementen filteren we gemakshalve weg. Om er nog een schepje bovenop te doen is het heel waarschijnlijk dat onze houding tegenover de bruinoog juist die aspecten zal uitlokken waarvan we al overtuigd waren. In het experiment van Jane Elliot, dat we eerder bespraken, werd de vechtlust van het kind met de bruine ogen geprovoceerd door het kind met de blauwe ogen dat hem uitschold voor bruinoog. Het gevecht dat daarop volgde, bewees voor het kind met de blauwe ogen dat het kind met de bruine ogen echt slecht is, maar eigenlijk wist hij dat al. Opvallend is dat hij tijdens het gevecht wellicht niet meer dacht aan de pesterij waarmee hij de vechtpartij uitlokte.

Als je een collega labelt als 'ongemotiveerd', zal je houding tegenover die persoon hem hoogstwaarschijnlijk niet gemotiveerder maken. Een manager geeft belangrijke informatie liever door aan een werknemer die hij als gemotiveerd beschouwt. Uiteindelijk heb je zelf niet meer in de gaten dat je het probleem in de hand werkt en bestendigt. Die processen hebben niets te maken met onze wil, want wanneer we eenmaal een label hebben toegekend, verloopt de rest van het proces automatisch.

5.1 Verruimen van brillen naar anderen

Beïnvloeden is vrijwel uitsluitend mogelijk als je de ander tot bondgenoot maakt. Als je iemand als bruinoog hebt geëtiketteerd, is het zo goed als onmogelijk hem voor je zaak te winnen. Hij zal je als een vijand beschouwen en zich verzetten tegen beïnvloeding. Hoe kunnen we die hindernis overwinnen? Veel zal hierbij afhangen van hoe we ons mentaal voorbereiden op een gesprek en met welke attitude we het gesprek instappen. Met andere woorden: hoe creëren we de ideale voedingsbodem om aansluiting te vinden bij de ander en hem luisterbereid te maken naar wat we te vertellen hebben?

5.2 Valkuilen in relaties

Het model van Ofman reikt een handig schema aan om onze beïnvloedingsmogelijkheden te vergroten.

Als we denken aan onze sterke kanten, onze krachten, moeten we ons ook bewust zijn van de mogelijke valkuil waarin die ons kunnen lokken. Hoezo? Hebben sterke kanten dan ook weer iets negatiefs? In zekere zin wel. Als een van onze sterke punten is dat we energiek zijn, kan dit in sommige situaties uitmonden in drammerigheid. Een sterke kant schiet soms door. Je kunt dit vergelijken met het geluidssignaal op een versterker dat van groen naar rood schiet. Er is dan te veel van het goede.

Verschillende omstandigheden kunnen die valkuil openzetten. Een eerste is wanneer onze interne controle verzwakt. Dit gebeurt wanneer we moe zijn en/of onder druk staan. Een tweede situatie waarin we op onze hoede moeten zijn, is wanneer de externe controle wegvalt. Je ziet dit vaak bij mensen die hoog in de organisatie zijn opgeklommen. Gezien hun machtspositie kijken mensen die lager zitten er wel voor uit om hen nog corrigerende feedback te geven, omdat dit wel eens gelijk zou kunnen staan aan 'carrièrebeperkende interventies'. Omdat iemand in een machtspositie veel minder wordt gecorrigeerd, gebeurt het soms dat hij doorschiet en zich af en toe bijna als een kind gedraagt.

Een derde oorzaak waardoor we soms in een valkuil terechtkomen, is de automatische reactie op iemand die iets doet waarvoor wij allergisch zijn: die persoon duwt als het ware op een van onze rode knoppen.

Hier is een voorbeeld. Stel dat een van mijn goede kanten bescheidenheid is, dan kan die soms doorschieten naar mezelf terugtrekken uit sociale contacten. Dit laatste wordt in de methodiek van Ofman mijn 'valkuil' genoemd. Die kans neemt toe zodra ik moe word of onder stress sta, maar het kan ook een reactie zijn op iemand die arrogant is. Omdat ik arrogantie verfoei, raakt het me ook emotioneel. Als ik me dan terugtrek, zal ik me daar niet goed bij voelen. Het geeft een wat wrange nasmaak, doordat ik iets gedaan heb wat ik eigenlijk niet wilde. Op dat moment zien we bovendien de ander als een arrogante bruinoog en geven we hem als het ware de schuld van het feit dat wijzelf iets gedaan hebben wat we niet goed vinden – ons terugtrekken. Het feit dat we hem het etiket bruinoog opplakken, maakt het voor ons echter heel wat moeilijker om iets te doen aan zijn arrogantie. We zullen geneigd zijn om hem als 'vijand' te benaderen.

Het is boeiend even stil te staan bij de werking van onze 'rode knoppen'. Ze maken ons kwetsbaar, doordat ze ons bijna reflexmatig aansporen tot gedrag (onze valkuilen) waarvan we later inzien dat het eigenlijk nergens voor nodig was. Mijn jongste zoon was als kind een meester in het bespelen van mijn rode knoppen. Wanneer hij iets had uitgehaald, wist hij haarfijn hoe hij mij van 'lastig' tot echt kwaad kon krijgen. Wanneer ik eenmaal kwaad was, maakte hij me dit zeer verongelijkt duidelijk, en ging de discussie verder alleen nog over het feit of ik al dan niet het recht had om zo kwaad te zijn. Kortom, hij had het voor elkaar om het onderwerp helemaal te veranderen. Het ging niet meer over wat hij had uitgehaald, maar over het feit dat ik buiten proportie kwaad was.

Waarom maken onze rode knoppen ons zo kwetsbaar? Een manier om dit te begrijpen is terug te gaan naar onze ontwikkeling. In vergelijking met andere zoogdieren wordt de mens veel te vroeg geboren. Andere zoogdieren staan binnen de minuut op eigen benen en kunnen zich naar de moeder bewegen om voedsel te vinden. Bij de mens is dat anders. Wat een pasgeboren baby kan, is op zijn rug of buik liggen en huilen wanneer hij honger heeft. Hierdoor zijn mensen voor hun overleving gedurende een lange tijd afhankelijk van hun omgeving en van de bereidheid van anderen om zorg voor hen te dragen, zowel fysiek als emotioneel. Om de pasgeborene te beschermen heeft de natuur het zo geregeld dat de moeder bij de geboorte een grote hoeveelheid van het hormoon oxytocine aanmaakt. Dit hormoon wordt ook wel het hechtingshormoon genoemd. Het zorgt ervoor dat een moeder na de geboorte onvoorwaardelijk zorgdraagt voor haar kind. Dit is een prachtig overlevingsmechanisme voor de soort 'mens'.

Na een bepaalde periode wordt die zorg iets minder onvoorwaardelijk. Het kind leert al snel welk gedrag aanvaard wordt en welk niet. Omdat het omwille van zijn afhankelijkheid niet veel keuze heeft, pikt het de normen en spelregels snel op. Het kind leert welk gedrag negatief wordt beoordeeld en bestraft met 'liefdesverlies', wat het zich niet kan veroorloven. Het leert dus om bepaalde aspecten instinctief te verdringen. Oorspronkelijk verloopt dit proces nog van buiten naar binnen. We krijgen signalen uit de omgeving van wat goed en slecht is. Als dat proces goed verloopt, internaliseren we die normen. We gaan ze snel als onze eigen normen accepteren en ons gedrag erop afstemmen. Op die manier wordt cultuur doorgegeven.

Wanneer we ervan uitgaan dat iemand geboren wordt met zowel 'goede' als 'slechte' kanten, leert iedereen om zo goed en kwaad als dat kan de 'slechte' kanten te onderdrukken. Door ze te onderdrukken zijn ze echter niet verdwenen. Dat merken we later wanneer iemand anders ditzelfde gedrag vertoont. Bijvoorbeeld: we hebben geleerd om niet dwingend op te eisen wat we willen hebben. Wanneer iemand uit onze omgeving later dwingende trekjes vertoont, raakt dit ons emotioneel en reageren we er als het ware allergisch op en bestraffen het. De manier waarop we het bestraffen is dan echter veel meer zelfbestraffing, doordat we erop reageren met onze 'valkuil', waardoor we ons in de eerste plaats zelf tekortdoen. Psychologen noemen dit proces 'projectie'.

Vroeger werden we bestraft wanneer we ons dwingend opstelden. We bestraffen onszelf telkens opnieuw wanneer het aspect 'dwingend' in beeld komt, ook al is het bij iemand anders. Het is erg moeilijk om hier iets aan te doen, doordat we onze eigen dwingende trekjes onder tafel hebben geschoven, waardoor het aanvoelt alsof dwingend zijn het laatste is wat we zelf zouden willen zijn.

Een manier om ons tegen die emotionele reactie te beschermen is om onze 'allergie' – bijvoorbeeld voor dwingelandij – opnieuw bestaansrecht te geven als een aspect van ons eigen gedrag. Lukt dit niet, of nog niet, dan blijven we kwetsbaar voor de ander die ons door een simpele druk op de knop in de val(kuil) lokt.

5.3 Het geven van negatieve feedback

Laten we de link leggen met beïnvloeden. Stel, je wilt bij iemand anders een aspect van diens gedrag bijsturen. We weten al dat wanneer je dit probeert te doen door met je vingertje te zwaaien en de ander daardoor als bruinoog – en dus als vijand – te bestempelen, je weinig kans van slagen hebt. Ter verduidelijking: de dag voordat ik een nogal ingrijpende operatie moest ondergaan, vond ik op het tafeltje naast mijn bed een brochure met de titel 'Zonder pijn'. Dit is het soort literatuur dat je op dat moment behoorlijk interesseert. In de tekst werd de rol van de anesthesist tijdens en na de operatie toegelicht. De brochure verduidelijkte dat tijdens een operatie drie soorten medicatie worden toegediend: een eerste om in te slapen, een tweede om de pijnprikkels te blokkeren en een derde om de spieren te ontspannen. Dat laatste vond ik eerst heel vreemd, want wanneer je slaapt, voel je toch niets en ben je toch ontspannen? Toch is het zo dat wanneer de chirurg een incisie maakt, hij letterlijk de integriteit (de heelheid) van je lichaam aanvalt. Als reflex hierop gaat je lichaam massief in wat bekendstaat als 'spierverzet', ook al slaap je diep en voel je niets. Een paar dagen later bedacht ik dat als we in massief verzet gaan tegen een aanslag op onze lichamelijke integriteit, er geen enkele reden is waarom we niet hetzelfde doen wanneer onze psychologische identiteit onder vuur komt te liggen. Als iemand ons de boodschap geeft dat een aspect van wie we zijn of wat we doen slecht is, waarom zouden we ons daartegen dan niet ook verzetten als een reflex tot zelfbehoud? Daarom krijg je ook geheid weerstand als je iemand de boodschap geeft dat een bepaald aspect van hem niet deugt.

Hier is een alternatieve aanpak. We hebben hiervoor een valkuil gedefinieerd als een te ver doorgeschoten kracht, als iets wat van groen in het rood schiet. Als we die gedachtegang kunnen construeren, kunnen we net zo goed de omgekeerde weg volgen. Wanneer we met een negatief aspect in iemands gedrag worden geconfronteerd, kunnen we ons de volgende vraag stellen: stel dat dit de doorgeschoten vorm is van iets wat in wezen positief is, wat kan de positieve achtergrond ervan zijn? Alleen al door ons deze vraag te stellen zullen we ons bruinoogbeeld verruimen en komen er barstjes in het vastgeroeste negatieve beeld dat we van iemand hebben. Minstens creëren we daardoor de mogelijkheid dat iemands gedrag niet alleen maar negatief is of vanuit negatieve motieven geboren is. Er is echter meer. We kunnen nu met die persoon een ander gesprek aangaan. Dit gaat ongeveer als volgt:

1. **Benoem de kracht die je vermoedt achter het 'negatieve' gedrag en toets bij de persoon of dit ook in zijn beleving klopt.**
Bijvoorbeeld: 'Ik heb mij al vaak zitten afvragen waaraan het zou kunnen liggen dat je soms de indruk geeft dat je heel wantrouwig bent, op het negatieve af. Laatst schoot het mij te binnen dat dit waarschijnlijk is doordat je zo geweldig plichtsbewust bent, dat je het niet over je heen kunt laten gaan dat er fouten worden gemaakt. Is het mogelijk dat dit zo werkt bij jou?'
Ook al ben je in je inschatting niet accuraat geweest, het feit dat je je perceptie toetst, heeft een dubbel effect: je geeft de boodschap dat je bereid bent om verder te kijken dan wat aan de oppervlakte zichtbaar is en dat je ervan uitgaat dat het de andere persoon in wezen om iets positiefs te doen is. Ook al is je inschatting niet 100 procent nauwkeurig, de ander zal je met veel plezier op het juiste spoor zetten.

2. **Geef vervolgens aan hoe belangrijk je die onderliggende eigenschap of motivatie vindt, waarom dit zo is en hoe vurig je hoopt dat hij daar tot elke prijs aan vasthoudt.**
Geef dan aan hoe elke medaille twee kanten heeft en hoe elk van ons (jij inbegrepen) soms doorschiet, waardoor je iets anders doet dan je eigenlijk zou willen. Koppigheid kan bijvoorbeeld een doorgeschoten vorm zijn van doorzettingsvermogen.

3. **Bied aan om samen te zoeken naar hoe de ander zijn positieve intentie naar buiten kan brengen op een manier die minder nadelen heeft dan de doorgeschoten vorm ervan.**
Met deze aanpak bied je een bondgenootschap aan. Eerder dan iets te willen wegnemen, toon je je bereidheid om samen te zoeken naar iets extra's wat gebaseerd is op een kracht van de ander. Je verruimt je oordeel en daarmee ook je kansen om aansluiting te vinden bij de ander. Op dat moment kun je overgaan van een verwerpende naar een erkennende stijl.

De benadering die we voorstellen gaat uit van een werkhypothese die niet noodzakelijk waar hoeft te zijn. De hypothese is dat de meeste mensen – laten we voor het gemak aannemen dat het mannen zijn – zich bij het scheren niet op een werkdag voorbereiden door zich af te vragen hoeveel mensen ze die dag tegen zich in het harnas zullen jagen en hoeveel processen ze in het honderd kunnen laten lopen. En ook dat heel weinigen bij hun thuiskomst tegen hun zevenjarig zoontje zullen zeggen: 'Ben je niet trots op papa, want papa heeft vandaag ruziegemaakt met twaalf collega's en heeft drie operaties helemaal in de soep laten lopen. En weet je wat nu het allermooiste is? Aan het einde van de maand zal papa nog betaald worden ook. Ben je nu niet trots op papa?'

Hoe weinig geloof we ook hechten aan bovenstaand scenario, des te meer geloven we dat er heel wat mensen zijn die vastzitten in onproductieve patronen, die daaronder lijden en die niet weten hoe ze er ooit nog uit zullen raken. De benadering die we voorstellen kan hun hierbij de hand reiken.

Wanneer we correctieve feedback aan iemand moeten geven, speelt er nog een ander mechanisme een rol. Psychologen noemen dit de fundamentele attributiefout. Het gaat er dan om dat we geneigd zijn om bepaalde kenmerken van de ander te definiëren in termen van onveranderbare kenmerken, zoals karakter, leeftijd of geslacht. Wanneer je dat eenmaal hebt gedaan, kun je niets meer aan je opinie veranderen en heb je ook weinig mogelijkheden om in te grijpen. Hoe verander je immers iemands karakter?

Bij de interpretatie van iemands gedrag onderschatten we vaak de invloed van de situatie. We laten ons allemaal makkelijk tot die fout verleiden, doordat onze cultuur individuele prestaties benadrukt. Bovendien geven we niet graag toe hoe makkelijk we zelf gemanipuleerd worden door de kracht van situaties.

Een van de meest controversiële studies op dit gebied werd uitgevoerd aan de Stanforduniversiteit door professor Haney en collega's.

Met dit experiment wilden de onderzoekers nagaan wat er gebeurt wanneer je goede mensen in een slechte situatie plaatst. Iedere student die zich als vrijwilliger aanbood voor deelname aan het experiment werd eerst getest op psychische en lichamelijke gezondheid. Uit een groep van 24 geselecteerde studenten werd de helft door het lot aangeduid om de rol van gevangene te spelen, de overige studenten werden bewaker. Zij die de rol van gevangene op zich zouden nemen, werden midden in de nacht door de politie gearresteerd en naar de Stanfordgevangenis gebracht. In de gevangenis zorgden uniformen, statussymbolen en regels ervoor dat de twee groepen van elkaar onderscheiden werden. De gevangenen moesten een reeks van vernederende rituelen ondergaan zodat ze doordrongen werden van hun nieuwe, lagere status. Ze verbleven in kleine cellen, 24 uur per dag, en werden zo volledig afgesneden van hun vertrouwde omgeving. De bewakers werkten in ploegen van 8 uur en konden daarnaast hun studentenleven voortzetten. Wat er vervolgens gebeurde, verraste iedereen. De illusie werd werkelijkheid. De grens tussen de rol die de studenten speelden en hun werkelijke persoonlijkheid vervaagde. Gewone jongens werden wrede bewakers, terwijl gezonde studenten zieke en terneergeslagen gevangenen werden. De situatie werd zo ernstig dat velen van hen ernstige stressreacties vertoonden en vrijgelaten moesten worden. Doordrongen van zijn nieuwe identiteit wilde geen enkele gevangene er zelf mee stoppen, uit angst als een slechte gevangene bestempeld te worden. Soms vergaten de onderzoekers zelf dat ze onderzoekers waren en gedroegen ze zich als een echte gevangenisdirecteur. De slechte toestand van de gevangenen, het toenemende misbruik van de bewakers en de kritiek van buitenaf leidden er uiteindelijk toe dat het experiment, dat twee weken moest duren, al na zes dagen werd stopgezet.

Hoe is het mogelijk dat goede mensen zo slecht kunnen worden? We zijn allemaal in staat tot slecht en goed gedrag, maar het is de situatie die meebepaalt wat de overhand neemt. De 'bewakers' verklaarden nadien dat ze een kant in zich hadden leren kennen die ze niet voor mogelijk hadden gehouden. Het uniform en de bewakersattributen duwden hen in een rol waarin ze zich schikten. De 'gevangenen' getuigen dat ze zich niet langer een individu voelden maar een nummer. Ze kwamen ook tot de weerzinwekkende vaststelling dat goede mensen in zo korte tijd konden veranderen in wrede wezens. Op de vraag hoe zij in de bewakersrol zouden hebben gereageerd, bleven ze het antwoord schuldig. De kracht van een situatie werd in dit onderzoek op een dramatische manier aangetoond. Het goede nieuws is dat net zoals negatieve situaties negatief gedrag kunnen uitlokken, positieve situaties dit ook kunnen doen. Maar belangrijker nog voor ons onderwerp: het is veel gemakkelijker om situatiekenmerken te beïnvloeden dan karaktereigenschappen.

Tal van toepassingen voor organisatiecontexten liggen voor de hand. Laten we er één als voorbeeld nemen.

Elk van ons kent wel mensen die in hun werkomgeving bestempeld worden als 'levende doden' en niet vooruit te branden zijn, totaal gedesinteresseerd en gedemotiveerd, en wachtend op hun pensioen. Het is opvallend dat veel van deze mensen er buiten het werk een activiteit op nahouden waarin ze onvoorstelbaar actief, productief en betrokken zijn. Het is dan ook veel nuttiger om zich af te vragen wat in de werksituatie hun energie wegzuigt en hoe dit eventueel hersteld kan worden, dan hen te bestempelen als ongemotiveerd wegens het feit dat ze ouder zijn dan vijftig jaar.

Soms kun je er niet onderuit om medewerkers negatieve feedback te geven. Probeer jezelf zo'n gesprek voor de geest te halen. Wanneer dit niet zo goed verliep, is de kans groot dat je het gesprek bent ingestapt met een heel duidelijk idee omtrent de aard van het probleem en de oplossing. Het enige wat je tijdens het gesprek nog moest doen, was de ander jouw standpunt duidelijk maken en hem dat laten accepteren.

In zijn artikel 'A better way to deliver bad news' beschrijft Jean-François Manzoni hoe vaak we met een gesloten geest een dergelijk gesprek instappen. We hebben één probleemanalyse en één oplossing. De kans dat we hiermee op weerstand stuiten, is zeer groot. Meestal beseffen we dit wel maar toch begaan we vaak die vergissing.

Een eerste reden hiervoor is de fundamentele attributiefout die we net bespraken: we schrijven het probleem toe aan een kenmerk van de persoon en houden geen rekening met de volledige context.

Een tweede reden is dat wanneer we onder druk staan, ons denkproces minder gedifferentieerd is. Als we één plausibele verklaring gevonden hebben, stoppen we vaak met onze analyse. Hoe meer ervaring en kennis van zaken we hebben, hoe sneller we geneigd zijn om overtuigd te zijn van de juistheid van onze analyse. Hoe meer emoties er vervolgens in het spel komen, des te meer binair of zwart-wit ons denken wordt.

Als je je van dit mechanisme bewust bent, is de volgende vraag of we de knop tussen een open en gesloten geest bewust kunnen omdraaien. Kunnen we een gesprek beginnen zonder onze vaststaande ideeën mee te nemen en op te dringen?

Stel dat je een probleem hebt met iemand die tijdens een vergadering behoorlijk wat kritiek levert op de voorstellen die op tafel liggen. Na de vergadering wil je die persoon daarover aanspreken. Je zou kunnen zeggen: 'Ik vind je heel negatief tijdens vergaderingen, kun je niet wat positiever denken?' Je observeert de situatie, interpreteert die en legt die zo voor aan de persoon in kwestie. Hoogstwaarschijnlijk zal de ander negatief reageren. Je zou de interpretatie van jouw waarneming ook achterwege kunnen laten: 'Ik heb opgemerkt dat je tijdens de vergadering heel veel vragen had en ik vroeg me af wat je bezighoudt als je die vragen stelt.' Je laat de interpretatie over aan de ander en vraagt om meer informatie. Waarschijnlijk zal de ander minder geneigd zijn negatief te reageren en bereid om meer uitleg te geven. Die bijkomende informatie stelt je in staat om tot een betere analyse te komen en het eventuele probleem constructief op te lossen.

Het is hierbij interessant te bedenken dat wat ons vaak het meest raakt, niet zozeer is wat iemand doet, maar wel wat wij denken dat de intenties zijn achter dat gedrag. De kans dat je de intentie van de ander juist interpreteert, is minimaal. Als we weten dat wat bij onze mentale bril past zich ook opdringt aan onze waarneming, dan weten we ook dat een ander de zaken totaal anders kan zien omdat hij een andere achtergrond of ervaring heeft.

Een voorbeeld: 's avonds laat vraag ik aan mijn vrouw om morgen een of ander ding te doen voor het bedrijf. Als ik de volgende avond thuiskom, informeer ik of ze het gedaan heeft. Ze slaat haar hand voor haar mond en zegt dat ze het vergeten is. Objectief is er dan vaak geen man overboord, het kan net zo goed de volgende dag nog gedaan worden. Wat me dan soms boos maakt, is dat ik haar vergetelheid interpreteer als een teken dat ze niet begaan is met het welzijn van de zaak waar ik, och arme, zo hard voor werk. Een prima recept om een avond te verknallen.

De enige manier om achter de echte intentie van iemands gedrag te komen, is het te vragen. Als je echt geïnteresseerd bent in wat de ander te vertellen heeft, creëer je vanzelf bereidwilligheid en hoef je je meestal geen zorgen meer te maken over bondgenootschap of aansluiting. Die zaken ontstaan dan vanzelf.

Hier zijn enkele tips voor het voeren van dergelijke moeilijke gesprekken:

- Bereid je mentaal voor op het gesprek: probeer zo *open minded* mogelijk het gesprek in te stappen (wat weet ik over dit probleem en wat zijn mijn 'invullingen'?).
- Vraag je af wat je doel is: wanneer kan ik zeggen dat deze beïnvloeding een succes is?
- Leg het probleem op tafel in neutrale termen: alleen feiten, geen interpretatie.
- Neem voldoende tijd om aansluiting te maken.
- Vraag eerst naar de zienswijze van de ander.
- Vraag voldoende door: 'Waar is het je echt om te doen?'
- Bewijs dat je moeite hebt gedaan om te luisteren naar de ander door samen te vatten en je synthese te toetsen (hierdoor appelleer je aan de wederkerigheidreflex: luisteren lokt luisteren uit).

- Vraag expliciet naar de suggesties van de ander voor mogelijke oplossingen: wat stelt ze voor en hoe zal dat volgens haar het probleem oplossen?
- Pas nu kun je overgaan tot 'sturen'.
- Reageer op de voorgestelde oplossing en beargumenteer je reactie (omdat...).
- Vraag de ander om zich in jouw positie te verplaatsen.
- Onderhandel over een wederzijds aanvaardbare oplossing.
- Toets de oplossing en sluit het gesprek af.
- Bij weerstand nooit verder 'pushen' (= sturen), steeds terugschakelen naar 'pull' (= aansluiten): geef aan dat je de weerstand opmerkt, toets of je dit goed gezien hebt en vraag om de weerstand verder te verduidelijken (help mij te begrijpen waarom je het moeilijk hebt met dit voorstel, want blijkbaar heb ik je positie nog niet volledig begrepen...).
- Als je merkt dat de eigenlijke zorg van de ander (waar het voor de ander in de grond om gaat) best legitiem is in jouw ogen, kun je proberen om deze gedeelde zorg te benoemen en aan te geven hoe jouw oplossing hetzelfde doel dient.

Deel II

Hoe kun je je leven als beïnvloeder stukken makkelijker maken?

In dit deel krijg je een antwoord op de volgende vragen:
- Hoe kan ik het 'voor wat, hoort wat'-principe gebruiken om dingen voor elkaar te krijgen?
- Hoe kan ik mijn geloofwaardigheid vergroten?
- Wat kan ik doen om mensen gunstiger te stemmen tegenover mij?

Als je het antwoord op deze vragen goed in de vingers hebt, zul je als beïnvloeder efficiënter worden, welke beïnvloedingsstrategie je later ook kiest. Zij hebben als gemeenschappelijk kenmerk dat ze niet alleen de luisterbereidheid bij anderen vergroten, maar ook de goodwill ten aanzien van wat je inhoudelijk te vertellen hebt.

6 Voor wat hoort wat: de wetmatigheden en de praktijk van het mechanisme van wederkerigheid

6.1 Zo kennen we wederkerigheid in het dagelijkse leven

Als vrienden je uitnodigen voor een etentje en je weet dat ze hun best zullen doen, voel je je allerminst comfortabel als je niets meebrengt. Hetzelfde zie je op de lagere school wanneer kinderen elkaar uitnodigen voor verjaardagsfeestjes. Het is een ongeschreven regel dat je een cadeautje meebrengt als je naar een feestje gaat en dat je je vriendjes op jouw beurt uitnodigt op jouw verjaardagsfeestje. Doe je dat niet, dan loop je als kind het risico sociaal gestraft te worden. In restaurants speelt men ook handig in op het principe van wederkerigheid door net voor de afrekening een digestiefje of pepermuntjes aan te bieden. De kans dat mensen een fooi geven, is dan opmerkelijk groter.

Hoewel nu bij wet verboden, maakten politici vroeger bij verkiezingscampagnes ook gebruik van deze techniek. Door het uitdelen van gadgets probeerden ze het stemgedrag van kiezers te beïnvloeden ten gunste van hun partij. Het verlenen van gunsten door politici hoort ook thuis in deze categorie.

Dit is hoe ik het mechanisme van wederkerigheid zelf ondervond.

Op een luchthaven. Ik ben al achttien uur onderweg en heb drie uur wachttijd voor de volgende vlucht. Ik sla de uren stuk in de vertrekhal. Plotseling ben ik klaarwakker. Een bijzonder mooie jonge vrouw komt met een stralende glimlach mijn richting uit. Eerst kijk ik over m'n schouder om te zien naar wie ze zo glimlacht. Niemand. Yes. Over 'tsjiep-tjsiep' gesproken. Ze komt bij me en stopt me een klein papieren vlaggetje in de hand, nog steeds met dezelfde glimlach. Enige tijd later. Ik ben ontwaakt uit mijn trance, nog steeds in dezelfde hal,

het meisje is allang verdwenen en ik zie mezelf staan met in de ene hand een soort tandenstoker met een gekleurd vlagje eraan en in mijn andere hand een boek van Hare Krishna waarvoor ik, zoals ik me vaag herinner, 10 dollar betaalde.
Hier is iets vreemds gebeurd. Zie me hier staan met twee dingen in de hand die me geen van beide interesseren en met één ding niet meer in de hand, dat me wel interesseert: dollars. En laat mij nu juist diegene zijn die de wereld rondtrekt met opleidingen over beïnvloeden. De training die zij me gaf, was wel mooi: met veel elegantie en vakbekwaamheid had ze bij mij op de knop 'wederkerigheid' gedrukt en wel tweemaal: iets wat je vriendelijk aangeboden wordt, neem je aan en als je iets hebt aangenomen, geef je iets in ruil terug.

De volgende tip geef ik vanzelfsprekend enkel omwille van zijn wetenschappelijke betekenis. Ik moet er niet aan denken dat je hem ook in de praktijk zou toepassen, tenzij als wetenschappelijk experiment natuurlijk.

Stel je de situatie voor waarbij je je vanaf een rijbaan waar relatief snel wordt gereden, moet invoegen in veel trager verkeer. Sommigen maken er een sport van om dit zo laat mogelijk te doen. Getoeter en naar elkaar zwaaien met minder dan vijf vingers is dan het gevolg. Als je het jezelf echt makkelijk wilt maken en inderdaad zo laat mogelijk wilt invoegen, hou dan in de gaten welke onverlaat er zopas in geslaagd is en voeg dan in, net vóór hem. Hij zal je altijd vrij baan geven. Alles voor de wetenschap.

Voor de fervente reizigers.

Het is verstandig om bij aankomst in een hotel een kleine dienst te vragen aan het bedienende personeel. Je maakt van de gelegenheid gebruik om hen al direct een grote fooi te geven. Vanaf dat moment kun je erop rekenen dat ze je een veel snellere en betere service zullen geven dan normaal.

Vastgoedmakelaars vinden klanten door hun een gratis taxatie van hun huis aan te bieden, de wederdienst die daaraan vastzit, is dat zij vervolgens je huis mogen verkopen.

Toen mijn zoon Martijn zijn huis verkocht, kreeg een uitstekende makelaar, Dirk, zo een voet tussen de deur. Hij gaf Martijn bedenktijd en stelde voor de volgende avond langs te komen om zijn voorstel te bespreken. Een paar uur voor zijn afspraak belde hij ons. Er was een probleem. Hij had die avond eigenlijk afgesproken om met zijn vriendin te gaan eten en vond dat hij haar moeilijk alleen thuis kon laten zitten. Of hij het erg zouden vinden als ze meekwam? Mijn zoon maakte natuurlijk geen bezwaar. Een paar uur later stond Dirk voor zijn deur samen met zijn vriendin. Die had een cadeautje bij zich voor mijn kleindochter: een klein speelgoedkonijn. Het gesprek met Dirk en zijn vriendin ging niet alleen over het verkopen van het huis, maar ook over gemeenschappelijke interesses en de universiteit waar hij en mijn zoon blijkbaar tegelijkertijd gestudeerd hadden. Na twee uur vertrokken ze, maar ze hadden heel wat achtergelaten. Dirk had een deel van zijn vrije tijd gegeven, maar ook die van zijn vriendin, en bovendien had Martijns dochter er nu een stukje speelgoed bij. Naar het speelgoedje wordt nu verwezen als 'het konijn van tienduizend euro', want dat zou Dirks commissie op de verkoop van het huis zijn. De behoefte om iets terug te geven was erg groot en het meest voor de hand liggende zou zijn: het akkoord dat Dirk het huis zou verkopen. Martijn gaf hem de opdracht en stuurde bovendien nog een vriendelijk kaartje...

6.2 Welk principe gaat erachter schuil?

Marcel Mauss was meer dan vijftig jaar geleden de eerste die dit principe beschreef: voor wat hoort wat.
 Wanneer je als kind iets krijgt, hoor je vrijwel meteen erna de vraag 'En, wat zeg je nu?' 'Dank u wel!' 'Goed zo.' Wellicht ligt de enorme kracht van dit mechanisme in de evolutie van de menselijke soort. Wanneer middelen (bijvoorbeeld voedsel) schaars zijn en iemand heeft

relatieve overvloed, dan geeft die aan wie minder heeft. Dit zal hij alleen doen als hij erop kan rekenen dat wanneer de kansen keren, de ander bereid zal zijn de rollen om te draaien. Waarschijnlijk was dit mechanisme absoluut noodzakelijk voor het overleven van de groep. Wanneer we dit vervolgens aan onze kinderen doorgeven, sluit onze opvoeding aan op een reeds in de kiem aanwezige conditionering. Cialdini vat het als volgt samen:

- 'We horen terug te betalen wat een andere persoon ons gegeven heeft' en:
- 'Er is een sociale verplichting om te geven, een verplichting om in ontvangst te nemen en een plicht om terug te betalen.'

Het is van cruciaal belang om dit proces zelf te starten. Wie begint met wat te geven, heeft de touwtjes van dit mechanisme in handen.

6.3 Wat leert onderzoek ons over de impact van wederkerigheid?

Geef wisselgeld op de goede manier
We zullen straks nog een aantal specifieke elementen de revue laten passeren. Als je wederkerigheid op zijn sterkst wilt gebruiken, moet aan drie basisvoorwaarden voldaan worden. Wisselgeld moet zijn:
- betekenisvol
- persoonlijk
- onverwacht.

Een voorbeeld hiervan is een onderzoekje rond fooi en het geven van pepermuntjes. In de studie waren er vier situaties.
- Bij de eerste bracht het bedienende personeel aan het eind van de maaltijd alleen de rekening.
- Bij de tweede kregen de klanten de rekening plus een pepermuntje voor iedereen. Dit leverde alvast 3,3 procent meer fooi op.
- Bij de derde werd het vorige scenario gevolgd maar kreeg elke gast twee pepermuntjes. En ja hoor, 14,1 procent meer fooi dan in de eerste situatie.

- De laatste situatie is de leukste. De kelner brengt de rekening plus één pepermuntje, wandelt weg, keert op zijn stappen terug en zegt: 'Maar voor jullie...' en geeft een tweede pepermuntje. De drie voorwaarden van hierboven zijn vervuld en hou je even vast: 23 procent meer fooi.

Geef als eerste
In het eerste jaar psychologie of pedagogiek is een deel van de opleidingsdeal dat je als proefpersoon meewerkt aan onderzoek. Je weet dan nog niet veel af van experimentele psychologie, maar je bent nieuwsgierig en zo kom je op een dag in het proeflab terecht. Bij je aankomst zegt de assistent dat je nog even moet wachten op een collega-student die een beetje te laat is. Je hebt geen flauw vermoeden dat die andere student ook een assistent is die mee in de proefopstelling zit.

De proefleider legt uit dat het onderzoek gaat om het beoordelen van de esthetische kwaliteit van reproducties. Je krijgt telkens een reeks foto's en vult een scoreblad in op een aantal parameters. Eigenlijk maakt het absoluut niet uit wat men als taak geeft, want daar gaat het niet om. Jij en je 'medestudent' werken ijverig mee en na pakweg 45 minuten kondigt de proefleider een pauze aan. Hierna neem je weer je plaats in. De andere student komt opnieuw wat te laat. Vanaf nu begint het eigenlijke experiment.

Er worden twee situaties gecreëerd. In de eerste (de controlesituatie) gebeurt er niets speciaals. Jullie gaan beiden verder met de beoordelingstaak. In de andere situatie (de experimentele situatie) blijkt je collega twee blikjes cola bij zich te hebben, eentje voor zichzelf en één voor jou, zonder dat je erom gevraagd hebt. Na nogmaals 45 minuten reproducties beoordelen wordt de proef beëindigd. In beide situaties vraagt je medestudent je vervolgens om een gunst. Hij verkoopt loten en wie er het meest verkoopt, maakt kans op een Harley-Davidson, die hij echt altijd al had willen hebben. De onderzoeksvraag is dan in welke mate de 'naïeve' student bereid is loten te kopen en of dit al of niet wat te maken heeft met het ongevraagd krijgen van een cola.

Zoals je kunt verwachten, maakt het natuurlijk wat uit. Gemiddeld neemt men na het krijgen van de cola het dubbele aantal loten af dan wanneer men niets krijgt. Wanneer we de factor 'sympathie' constant houden, blijkt dat men in absolute cijfers meer geneigd is om wat te kopen van iemand die men sympathiek vindt. Maar ook in de groep van proefpersonen waar men de collega niet sympathiek vindt, koopt men eens zo veel na het krijgen van een ongevraagde gunst.

Een variant. Schriftelijke verzoeken worden sneller en beter ingewilligd als er een post-it met een handgeschreven en persoonlijk verzoek op zit. De persoonlijke toets lokt een persoonlijke (en dus kwalitatief betere) reactie uit. Als je de volgende keer kerstkaarten stuurt naar collega's of zakenrelaties, maak je er dan niet vanaf met een standaard e-mail of met een kerstkaart met een standaard tekst erop, laat staan met de bedrijfskerstkaart die je tekent. Als je een verschil wilt maken, ga er dan even voor zitten en vraag je af wat het precies is wat je aan deze persoon wenst voor het volgende jaar en wat aan een andere persoon, enzovoort. Kost allemaal wat meer tijd, maar wat een verschil in impact.

Vraag meer dan je wilt
Deze techniek kennen we allemaal. Iemand die een huis verkoopt, vraagt vaak meer dan het bedrag dat hij wil ontvangen. Bij een sollicitatiegesprek is het klassiek om je looneisen iets hoger te leggen dan ze in werkelijkheid zijn. Als je vervolgens instemt met een bedrag dat lager ligt, zal de ander ook meer geneigd zijn om jouw tegenvoorstel te aanvaarden. Na een toegeving voelt iemand zich verplicht om iets terug te doen.

Een paar jaar geleden onderhandelde ik over een contract bij een grote klant. Ik wist dat de prijs die ik voorstelde marktconform was. Ik wist ook dat de koopster dit wist. Zelf had ik iets van 'laten we alle rituele dansen maar achterwege houden en direct zeggen waar het op staat, dit zal ons beiden flink wat tijd besparen'. Dit is toch alleen maar rationeel? Helemaal mis. Mijn voorstel werd absoluut niet aanvaard en ik kon geen kant meer op, tenzij ik bereid was om onder de marktprijs te duiken en dat was ik helemaal niet van plan. Kortom: drie gespreksrondes en heel wat kwaad bloed aan beide kanten van de tafel voor we eruit kwamen. Pas nadien drong het tot me door dat ik een basisregel met voeten had getreden, namelijk dat onderhandelen iets is van geven en nemen en dat ook mijn onderhandelingspartner iets uit het vuur moest kunnen slepen, want zij wil toch ook tevreden kunnen zijn over haar inspanningen. De volgende keer, bij hetzelfde bedrijf en gelukkig met een andere onderhandelingspartner voor me, speelde ik het spel correct. Ik begon met een prijs die natuurlijk niet geaccepteerd werd. Ik deed na wat pruttelen een lager voorstel en we kwamen uiteindelijk uit op een prijs die hoger was dan waar ik tevreden mee was geweest. Beide partijen tevreden.

Even terzijde: ken je de situatie waarin je zelf een bod doet en je tegenspeler onmiddellijk akkoord gaat? Weet je nog hoe lullig je jezelf voelde, omdat je er wellicht ook uit was gekomen met een veel lager bod? Ook dit gevoel leert ons iets over wetmatigheden.

6.4 Hoe gebruik je wederkerigheid in een professionele context?

Misschien wel meer dan in andere omgevingen geldt in de professionele arena dat invloed je gegund moet worden. Je zou zelfs zo ver kunnen gaan door te stellen dat geen enkele beïnvloedingsstrategie werkt als de ontvanger niet een voordeel voor zichzelf ziet: een betaling in voor hem waardevol 'wisselgeld'. Anders gezegd, je hebt slechts invloed voor zover je aan mensen kunt bieden wat ze nodig hebben. Vandaar de twee centrale vragen:

- Wat heb je te bieden?
- Wat ziet de ander als waardevol?

Vaak onderschatten we wat we anderen te bieden hebben. Het is vreemd genoeg vaak zo dat ons meest waardevolle 'onderhandelingsgeld' voor onszelf zo vanzelfsprekend lijkt (bijvoorbeeld je kennis van een bepaalde materie of het feit dat je doorgaans heel vriendelijk bent) dat we er niet eens aan denken hoe bijzonder dat eigenlijk wel is. Hierna vind je een lijstje van dingen die we te bieden hebben, soms zonder dat we het ons realiseren.

WAT HEB JE TE BIEDEN?

Checklist om je 'onderhandelingsgeld' op waarde te schatten en valstrikken te vermijden

Onderschat niet wat je te bieden hebt. Wat leveren je training en ervaring op?

Je kennis	Wie zou deze op prijs stellen?
Technische kennis	
Informatie over de organisatie	
Kennis van klanten/de markt	
Beleidsinformatie	

Waarover heb je controle zonder toestemming te hoeven vragen van anderen?	
Reputatie	
Waardering	
Zichtbaarheid	
Dankbaarheid	
Erkenning	
Respect	
Je persoonlijke hulp bij taken	

Betaal in grootheden die de andere persoon waardeert (niet noodzakelijk wat je zelf waardeert).
Sluit aan bij wat je over de persoon weet
Sluit aan bij de manier waarop de persoon benaderd wil worden
Geef wat de andere persoon wenst, ook al zou je dit voor jezelf niet op prijs stellen

Ben je bereid om meer te doen dan strikt noodzakelijk?
Ga verder dan je functiebeschrijving

Overdrijf niet, lieg niet.
Kun je ook leveren wat je belooft?

Weten wat je te bieden hebt is één ding, weten wat voor de ander betekenisvol is, is minstens zo belangrijk. Je hebt vast in de gaten dat dit teruggrijpt naar het principe van aansluiten en sturen uit het vorige hoofdstuk. Je verdiepen in de leef- en denkwereld van de ander is de sleutel. Dit houdt vanzelf in dat elke persoon een eigen setje zal hebben van wat hij speciaal waardeert. Tezelfdertijd is er een aantal vormen van wisselgeld dat vrijwel universeel is in organisaties. We laten ze hierna de revue passeren.

WISSELGELD DAT VAAK HOOG GEWAARDEERD WORDT:

Inspiratie-gerelateerd

Visie	Betrokken worden in een taak die betekenisvol is voor de hele unit, organisatie, klanten of samenleving.
Uitmuntendheid	Gelegenheid hebben om belangrijke dingen uitstekend te doen.
Morele/ethische correctheid	Doen wat 'juist is' volgens hogere maatstaven dan alleen efficiëntie.

Taak-gerelateerd

Nieuwe middelen	Krijgen van geld, budgetverhogingen, nieuw personeel of ruimte, enzovoort.
Uitdaging/leren	Taken kunnen doen die vaardigheden verhogen.
Assistentie	Hulp krijgen bij lopende projecten of vervelende taken.
Organisatiesteun	Openlijke of subtiele ruggensteun dan wel directe hulp krijgen bij implementaties.
Snelle respons	Dingen sneller krijgen.
Informatie	Toegang krijgen tot organisatorische of technische kennis.

Positie-gerelateerd

Waardering	Erkenning van inspanning, van resultaten of van capaciteiten.
Zichtbaarheid	Gelegenheid om bekend te worden bij hiërarchisch hogere of andere betekenisvolle mensen in de organisatie.
Reputatie	Gezien worden als bekwaam, geëngageerd.
Insider zijn/belang	Het gevoel te behoren bij een belangrijke kern.
Contacten	Kansen om met anderen relaties op te bouwen.

Relatie-gerelateerd

Begrip	Een luisterend oor vinden voor zorgen en problemen.
Aanvaarding	Nabijheid en vriendschap voelen.
Persoonlijke steun	Persoonlijke en emotionele rugdekking krijgen.

Persoons-gerelateerd

Dankbaarheid	Waardering of horen dat anderen bij je in het krijt staan.
Eigenaarschap/ betrokkenheid	Eigenaarschap van en invloed op belangrijke taken.
Zelfwaarde	Bevestiging van waarden en identiteit.
Comfort	Afwezigheid van problemen en gedoe.

Er bestaat ook een lijstje van wat waardevol wisselgeld is voor vrijwel elke baas.

1. Beter presteren dan vereist is.
2. Zich geen zorgen moeten maken over het gebied van de medewerker.
3. Weten dat de medewerker rekening houdt met politieke factoren in de organisatie.
4. Op de medewerker kunnen rekenen als klankbord.
5. Op de medewerker kunnen rekenen als bron van informatie over andere delen van de organisatie.
6. De baas op de hoogte houden van problemen.
7. De baas accuraat kunnen vertegenwoordigen bij andere delen van de organisatie.
8. Een bron van creativiteit en nieuwe ideeën zijn.
9. De baas steunen en verdedigen ten opzichte van eigen medewerkers.
10. Steun en aanmoediging bieden, 'in het team van de baas zitten'.
11. Initiatief nemen met nieuwe ideeën en anticiperen op problemen in plaats van te wachten tot ze zich voordoen.

7 Hoe vergroot je je geloofwaardigheid?

Je kunt gemakkelijker beïnvloeden naarmate je voor je doelgroep geloofwaardiger bent. Als de boodschapper niet geloofwaardig is, is zijn boodschap het al helemaal niet.

Geloofwaardigheid is, net als reputatie, iets wat je verdient gedurende een langere periode. Het is niet het resultaat van een eenmalige actie. De basis ervan wordt steen voor steen gelegd.

Je zult geloofwaardig worden als je constant het bewijs levert dat je handelt met respect voor de organisatie en voor de mensen met wie je zakendoet. Authentiek, respectvol gedrag is de belangrijkste bron voor geloofwaardigheid. Het is steeds weer hetzelfde liedje: in je capaciteit om je aan te sluiten bij anderen, maak je het verschil.

Als geloofwaardigheid zo belangrijk is, is de vraag naar de elementen die hieraan bijdragen het evenzeer. En wanneer je daar de vinger eenmaal achter hebt, kom je vanzelf toe aan de vragen hoe je elk van de componenten voor jezelf kunt creëren en benutten.

7.1 Sympathie: hoe kan ik iets weigeren aan iemand die ik zo graag mag?

Als je gedrag wilt beïnvloeden, laat je overtuigingskracht dan vriendelijk en bescheiden zijn. Je vangt meer vliegen met stroop dan met azijn. Bij mensen is het niet anders. Als je iemand voor je zaak wilt winnen, moet je hem eerst overtuigen dat je een echte vriend bent. Dat is de stroop waarmee je zijn hart wint. Dat is de snelweg naar zijn rede, wat hij ook mag beweren. Wanneer je eenmaal die plek hebt veroverd, zul je weinig problemen ondervinden om hem te overtuigen van jouw zaak, tenminste als je zaak echt de moeite waard is.
Abraham Lincoln (1809-1865)

7.1.1 Waarom heeft sympathie zo veel invloed?

Je herinnert je vast nog wel die laatste keer dat je een enquête hebt ingevuld zonder echt stil te staan bij de inhoud. Of misschien herinner je je nog die keer dat je in het restaurant tegen je gewoonte in een fooi gaf aan de serveerster, terwijl de kwaliteit van de bediening en het eten niet uitzonderlijk veel beter was dan in een ander restaurant. Kochten niet velen onder ons ooit iets waarvan we later niet goed meer wisten waarom we het gekocht hadden en of het wel de juiste keuze was? Achteraf bleek die supergeavanceerde pc, voorzien van alle mogelijke snufjes en software, toch niet zo noodzakelijk als je in de winkel dacht, of viel dat kledingstuk dat je in de winkel zo leuk stond, de volgende dag toch wat tegen.

Waarom doen we soms dingen die we niet hadden gepland, of eigenlijk helemaal niet hadden willen doen? In elk van bovenstaande situaties is de kans groot dat je de enquêteur, de serveerster of de winkelbediende wel aantrekkelijk of aardig vond. Misschien hadden die personen ook dezelfde kledingstijl of gedroegen ze zich zoals jij. De herkenning stelt je op je gemak. Als ze op de koop toe ook nog hun waardering voor jou lieten blijken, is de kans groot dat je helemaal voor de bijl ging en dat bovendien nog prettig vond ook.

Wie dit principe tot een handelsmerk heeft verheven is Tupperware. Je weet hoe de formule gaat. Iemand is gastvrouw en ontvangt bij haar thuis niet alleen een verkoopster van Tupperware maar ook vrienden en vriendinnen en familieleden die ze op de avond heeft uitgenodigd en voor wie ze vast een hapje en een drankje heeft klaargezet. Doorgaans weten de gasten ook dat van alle spullen die ze kopen een gedeelte van de prijs bij de gastvrouw terechtkomt. En waarom zou je een vriendin geen pleziertje doen? Zeker als ze al moeite voor je gedaan heeft door de avond te organiseren. Het effect is zo sterk dat aankoopbeslissingen op zulke avonden tweemaal meer ingegeven worden door waardering voor de gastvrouw dan door waardering voor het product. Ik heb geen idee over lingerieparty's en cosmeticaparty's, maar het principe daarachter zal niet veel anders zijn.

7.1.2 Welk principe gaat hierachter schuil?

Over het algemeen zijn we sneller bereid om in te gaan op een verzoek van iemand die we graag mogen dan van iemand die we niet kunnen luchten of zien. Dat spreekt voor zich.

Wanneer we dit gegeven ook doelgericht willen gebruiken, moeten we begrijpen wat de ingrediënten zijn van sympathie. Wanneer vinden we iemand sympathiek?

In het Engels is er een zinnetje dat de essentie heel goed vat: 'We like those who like us and are like us.' We zeggen makkelijk ja tegen iemand die we graag mogen en op ons lijkt. Het Engelse werkwoord *to like* verraadt trouwens het oorspronkelijke verband tussen 'graag mogen' en 'lijken op'. Iets meer in detail: de voornaamste bouwstenen van sympathie die sociale wetenschappers blootlegden zijn vriendelijkheid, gelijksoortigheid, fysieke aantrekkelijkheid en complimenten.

7.1.3 Wat leert onderzoek ons over de impact van sympathie?

Vriendelijkheid

De Amerikaanse sociologen Tidd en Lockard onderzochten welk effect een glimlach van een serveerster heeft op de fooien die ze krijgt in een restaurant. Het ging om 48 vrouwelijke en 48 mannelijke klanten. Bij een flauw glimlachje kreeg de serveerster gemiddeld 9,40 dollar per tafel, terwijl de fooi bij een brede glimlach maar liefst opliep tot 23,20 dollar. Als je weet dat fooien in de VS het inkomen bepalen van de serveerster, kan ze maar beter gebruikmaken van deze wetenschap.

Misschien vind je niet elke klant sympathiek genoeg om er een glimlach voor tevoorschijn te toveren, maar als je weet dat het je inkomen bepaalt, kun je beter kijken of de klant toch niet iets sympathieks heeft. Herinner je wat we eerder vertelden over mentale brillen: het principe van vriendelijkheid staat of valt met je focus. Als je alleen opmerkt wat je afstotelijk vindt bij anderen en hen dus als bruinogen benadert, ziet je glimlach er behoorlijk geforceerd uit en zal die niet veel resultaat hebben. Als je probeert het blauwogige bij mensen te zien, zul je vanzelf meer en spontaner glimlachen.

Een voorbeeld uit de bedrijfswereld:
Een warenhuisketen kende een steeds verder groeiend marktaandeel dat gebaseerd was op twee pijlers waarvan de tweede de vriendelijkheid van het personeel was. Concurrenten zagen het succes met lede ogen aan. Enige tijd geleden organiseerde een van hen een grootscheeps opleidingsprogramma voor het personeel. Er werd hun geleerd vriendelijk te zijn tegenover klanten. Bij het eerste bedrijf moest men daarom breed glimlachen bij dit initiatief, omdat je vriendelijkheid nu eenmaal niet kunt forceren. Als de werkomgeving stimulerend is, hebben mensen plezier in hun werk en zijn ze vanzelf vriendelijk. Vriendelijkheid is niet het resultaat van aangeleerde trucjes.
De kracht van de glimlach ligt hierin dat hij als een code werkt naar iemand die je graag mag. De code wordt opgepikt en geïnterpreteerd: de ander mag mij graag, dus mag ik de ander ook graag.
Een kanttekening. Het voorbeeld heeft opnieuw te maken met een warenhuisketen.

Deze keer gaat het om 7-Eleven. De winkels ontlenen hun naam aan het feit dat ze zeven dagen per week open zijn, van zeven uur 's ochtends tot elf uur 's avonds. In de Verenigde Staten zijn het typische buurtwinkels waar je nog snel iets koopt voor lunch of diner.
Niet echt verwonderlijk dat ze op een bepaald moment een actie lanceerden rond klantvriendelijkheid. Alle winkels van het land zouden aan bod komen met hun voltallige personeel. Een trainingsprogramma zou het vehikel worden. Een van de vragen was natuurlijk hoe je in hemelsnaam iemand een attitude als 'klantvriendelijkheid' aanleert. Men kwam erachter dat glimlachen en een praatje maken met klanten goede operationele parameters konden zijn voor de attitude die ze wilden stimuleren. Zo gezegd zo gedaan. Er volgde een training voor duizenden winkelbedienden. Aangezien meten weten is, werden de effecten van de training gecontroleerd door een systeem van zogenaamde 'mistery shoppers'. Deze deden zich voor als gewone klanten en onderzochten onder andere hoeveel winkelbedienden er naar hen glimlachten en een praatje maakten vóór de training en hoe vaak dit erna gebeurde.
De trainingsmanager kon trots meedelen dat het begroeten van 33

procent gestegen was naar 58 procent en het glimlachen van 32 procent naar 49 procent. Over return on investment gesproken. Een megabonus wenkte.
Je hebt in zulk soort vergaderingen natuurlijk altijd wel iemand die de pret bederft met wat kortzichtige vragen als: 'Waarom hadden we dit nu ook weer opgetuigd?'
'Om de klantvriendelijkheid te verhogen natuurlijk, want dat is nogal essentieel in onze business.'
'Jaja, had ik wel begrepen, maar waarom eigenlijk?'
Pijnlijke stilte
'... bedoel je vergrote omzet of rendabiliteit of zo?'
'Dit soort marginale dingen bedoel ik inderdaad.'
Paniek in de tent.
Men had dit toch helemaal over het hoofd gezien. Maar niet getreurd, ondernemend en dynamisch als we zijn, zullen we dit ook wel meteen natrekken. Verbijstering alom toen bleek dat winkels met de laagste score op 'vriendelijkheid' de hoogste verkoopcijfers haalden. De verklaring werd snel gevonden. De klanten van 7-Elevenwinkels wipten typisch even aan om snel, snel nog wat in te slaan. Geen tijd en geen interesse in praatjes.

Aansluiting vinden bij de ander blijft het allerbelangrijkste principe en is veel belangrijker dan standaardprocedures.

Wellicht speelt in het voorbeeld van hierboven nog een andere factor. We weten uit ervaring en ook uit onderzoek dat mensen doorgaans heel fijne antennes hebben om het verschil te registreren tussen gespeeld gedrag en authentiek gedrag. Als men mensen in een training mechanisch laat oefenen in het glimlachen, en zeker als men zegt dat dit door chefs en door het bedrijf wordt gecontroleerd, zie je al de hallucinaire scènes voor je. Grijnzende bedienden die nog geen seconde nadat je je hoofd hebt gedraaid hun zogenaamde glimlach alweer kwijt zijn. Hoeveel beter was het niet geweest om hun werknemersbestand te trainen in het reguleren van hun eigen stemming, zodat ze zich leren richten op iets wat ze leuk vinden bij hun klant. Daardoor verschijnt hun glimlach vanzelf en heeft die geen averechts effect op de klanten.

Ben je klaar voor doelgericht gebruik van het mechanisme van sympathie in een totaal andere situatie?

Om haar inval in Irak te rechtvaardigen, had de regering-Bush de steun van de bevolking nodig, en die zocht ze via de media. Een van de strategieën om de media op hun hand te krijgen was het concept 'embedded journalists': journalisten die ingekwartierd werden bij een bataljon soldaten. Dit deden ze niet om de journalisten te beschermen, of zelfs te controleren, integendeel. De motivering voor deze beslissing was dat ze journalisten op die manier zo dicht mogelijk bij de oorlog konden brengen en dus verslaggeving van een ongezien hoge kwaliteit mogelijk maakten. Maar er speelde iets anders. Doordat ze samen in een oorlogssituatie zaten, ontstond al snel een identificatie tussen journalisten en soldaten, en dus ook sympathie. Je kunt dit vergelijken met het bekende Stockholmsyndroom waarbij gijzelaars na enkele tijd sympathie opvatten voor hun gijzelnemers. In het geval van de journalisten had dat natuurlijk zijn weerslag op de toon van de berichtgeving.

Ik weet niet hoeveel van jullie het plegen van diefstallen als hoofd- of nevenberoep hebben. Als dit voor jou geldt, is hier een tip (uiteraard tegen een kleine vergoeding). Van politiemensen weten we dat ze bij verhoren de sympathie van de dief winnen door te zeggen hoe moeilijk de kraak technisch gezien wel moet geweest zijn en hoe hij dit in 's hemelsnaam voor elkaar heeft gekregen. Gevleid wegens zijn expertise en professionalisme is de dief vervolgens meer dan bereid om haarfijn uit te leggen hoe hij het deed.

Gelijksoortigheid en imitatie
Een ander element dat onze sympathie aanwakkert, is het effect van gelijksoortigheid. We zijn ons zelden bewust van dit effect en onderschatten het systematisch.

Een greep uit het onderzoek.
Mensen zijn twee keer vaker bereid om iemand te helpen als deze persoon hetzelfde soort kledij draagt als hijzelf.

Men is significant meer bereid petities te ondertekenen, zelfs zonder ze te lezen, als iemand het vraagt die op dezelfde manier gekleed is. Verzekeringscolporteurs verkopen meer aan mensen van dezelfde leeftijd, met dezelfde religieuze en politieke achtergrond, met hetzelfde rookgedrag, enzovoort.

Dit hoeft ons niet te verbazen. De meesten van ons hebben wel de ervaring dat je in het verkeer heel wat coulanter bent voor een chauffeur die in hetzelfde type wagen rijdt als jij, en hoe het toch iets speciaals heeft als je in een gezelschap te weten komt dat iemands verjaardag op dezelfde dag valt als die van jou, of hoe mensen met dezelfde voornaam als de jouwe altijd een streepje voor hebben.

Alle onderzoeksresultaten hiervoor verwijzen naar bepaalde gegevenheden die in grote mate vastliggen. Je kunt dit mechanisme echter activeren door gelijksoortigheid te creëren.

Verkopers die het verbale en niet-verbale gedrag van klanten imiteren of 'spiegelen', verkopen in vergelijkbare situaties meer dan hun collega's die dit nalaten. In elk geval krijgen ze meer fooi, tot 69 procent meer.

Imitatie zit er bij ons ingebakken, ook bij dieren. Het lijkt erop dat, althans bij mensen, het elkaar imiteren een code is waarmee men aangeeft dat men zich bij de ander op zijn gemak voelt en op gelijke voet met hem staat. Hoe werkt dat precies?

Het boeiende is dat we niet gaan imiteren omdat we ons goed bij iemand voelen. Het is omgekeerd: wanneer we iemands gedrag imiteren (tot tics aan toe) is aangetoond dat de ander zich daardoor meer op zijn gemak gaat voelen.

Overigens wordt soms ook het tegendeel gedaan. Denk bijvoorbeeld aan directeuren met een grotere werktafel, groter kantoor, dikkere auto, noem maar op.

Uit onderzoek weten we verder dat er sterkere banden worden gesmeed en dat er meer interacties zijn tussen mensen van gelijke leeftijd, geslacht, ras, opleidingsniveau en werkervaring. De redenen liggen voor de hand. Gelijksoortigheid op deze kenmerken leidt tot gemakkelijke communicatie, tot een grotere voorspelbaarheid van het gedrag en tot meer vertrouwen en wederkerigheid.

Nog sterker dan de zojuist genoemde 'demografische' gelijkheid (en gemakkelijker te hanteren) is het effect van het behoren tot eenzelfde cultuur. Cultuur moet dan worden opgevat in de engere zin, namelijk het delen van een gemeenschappelijke visie, van gemeenschappelijke waarden en het spreken van dezelfde taal of hetzelfde jargon. Wie in een bedrijf werkt, weet ongetwijfeld uit ervaring hoe verschillende afdelingen hun eigen taal spreken en hoe verschillen in taal vaak tot gigantische communicatiestoornissen en negatieve stereotypieën leiden. Het verschil tussen een marketing- en een constructieafdeling is hiervan misschien wel het prototype.

Culturele gelijksoortigheid heeft rechtstreeks te maken met de factor integriteit die we in het begin van dit hoofdstuk vermeldden. We noemen iemand integer wanneer die persoon consistent vasthoudt aan dezelfde reeks principes die we zelf hoog in het vaandel dragen.

Er is nogal wat onderzoek gedaan naar de relatie tussen hulpgedrag aan de ene kant en de vraag of men de personen die men helpt al of niet beschouwt als leden van dezelfde groep, als 'iemand van ons'. De relatie tussen gelijksoortigheid en helpen heeft niet eens zo veel te maken met helpen of niet, maar veel meer met het motief om te helpen. Mensen van dezelfde groep zal men helpen op basis van invoelingsvermogen (empathie), dus op emotionele grond. Mensen uit de andere groepen helpt men ook, maar dit gebeurt dan veel meer op rationele basis. Denk maar aan het helpen van slachtoffers van natuurrampen elders in de wereld.

Fysieke aantrekkelijkheid

Tijdens een experiment wordt een man gevraagd om telkens twee foto's van vrouwen met elkaar te vergelijken en aan te duiden welke van de twee voor hem de meest aantrekkelijke is. Wat de man niet weet is dat er telkens één foto is bewerkt. Op basis van een foto van de man zelf en met een goed fotobewerkingsprogramma werden zijn gelaatstrekken aan één van beide foto's toegevoegd. Elk paar foto's toonde dezelfde vrouw. Ogenschijnlijk was er geen verschil. Toch moest de man een keuze maken. Wat bleek? In 70 procent van de gevallen vond hij die vrouw aantrekkelijker aan wie zijn eigen gelaatstrekken waren toegevoegd.

Deze studie maakt een mooie brug tussen gelijksoortigheid en het volgende mechanisme: fysieke aantrekkelijkheid.

Fysiek mooie mensen hebben heel wat voor. We geven het zelden toe, maar stiekem denken we dat mooie mensen intelligenter zijn, populairder, zelfverzekerder en beter in alles wat ze doen. Als je fysiek aantrekkelijk bent, maak je een goede indruk. En als je een gunstige indruk maakt, is de kans groot dat je vaker je zin krijgt. Dit kan meteen ook tastbare voordelen opleveren zoals de kans op een baan, populariteit of invloed op mensen in je omgeving.

Ook deze component van sympathie is uitvoerig onderzocht. De resultaten laten ons soms de wenkbrauwen fronsen, omdat fysieke aantrekkelijkheid iets is waarop we vrij weinig invloed hebben. Daarom vinden we het effect ervan vaak onrechtvaardig, althans voor wie door de natuur wat minder is bedacht.

Een greep uit het onderzoek.

In de Verenigde Staten gaan tijdens verkiezingen 2,5 maal meer stemmen naar fysiek aantrekkelijke kandidaten. Toch ontkent 73 procent van de kiezers ten stelligste dat ze dit laten meewegen.

Bij personeelsaanname blijken fysieke kenmerken soms meer doorslag te geven dan kwalificaties voor de functie. Ook hier ontkennen interviewers dat zij uiterlijk als doorslaggevend criterium hanteren. Voor de aardigheid heb ik recentelijk de proef op de som genomen. Tijdens een training van selectiepsychologen haalde ik de pasfoto's weg van de dossiers van sollicitanten, vervolgens toonde ik enkel de foto's en vroeg hun om ze te ordenen naar geschiktheid voor een bepaalde functie. Nadien liet ik de foto's beoordelen door anderen en ze ordenen naar fysieke aantrekkelijkheid. De overeenkomst tussen de twee ordeningen was opvallend. Het is niet echt wetenschappelijk natuurlijk, maar toch aardig.

Dit is wellicht de reden waarom doorgaans wordt afgeraden om bij sollicitaties een foto toe te voegen aan je cv, tenzij dit nadrukkelijk gevraagd wordt.

Iets minder onschuldig is het volgende: volgens een onderzoek in de VS hebben bij rechtszaken aantrekkelijke verdachten de helft minder kans op een gevangenisstraf. Verder bleek dat wanneer de aangeklaagde fysiek knapper was dan het slachtoffer, de boete slechts de helft bedroeg dan wanneer de beschuldigde minder mooi was.

Nog een ander terrein: het effect dat uiterlijk voorkomen heeft op de hulpvaardigheid van mensen. Zoals we kunnen verwachten worden fysiek aantrekkelijke mensen veel sneller geholpen. Een mooie illustratie hiervan was recent te zien in een BBC-programma. Hierbij krijgen we twee vrouwen te zien, de ene aantrekkelijk, de andere onopvallend. Beide vrouwen willen met een zware koffer de trap op in een station. Waar de onopvallende vrouw gemiddeld 70 seconden moet wachten op hulp, daagt de ridder bij de knappe vrouw al na gemiddeld 24 seconden op. Wanneer de ridders nadien naar hun beweegreden wordt gevraagd, zeggen ze dat het hun enkel om hoffelijkheid te doen was en dat het voor hen geen enkel verschil uitmaakte ten aanzien van wie. Juist, ja. Wanneer de aantrekkelijke vrouw ook nog wat extra's vraagt zoals helpen met een tweede koffer of zelfs geld om te gaan eten, stemmen de mannen daar gretig mee in.

Het lijkt er sterk op dat we graag in de buurt van mooie mensen zijn en zo lang mogelijk blijven, alsof hun succes ook op ons zou afstralen.

Nog wat extra informatie: mooie mensen zouden volgens onderzoek ook meer succes hebben in het overtuigen van mensen, of ze nu man zijn of vrouw.

Ten slotte, en ook dit doet de wenkbrauwen wat fronsen, heeft men vastgesteld dat volwassenen agressief gedrag bij mooie kinderen minder erg vinden dan wanneer de kinderen er minder goed uitzien, en dat leraren mooie kinderen beschouwen en behandelen als intelligenter dan anderen. Inderdaad, rechtvaardig is anders.

Nogmaals, aan het aspect fysieke aantrekkelijkheid kun je zelf niet zo bar veel doen, tenzij je fors wilt investeren in een *extreme make-over*. Je kunt er wel altijd voor zorgen dat je met goede lichamelijke verzorging, kleding, make-up en dergelijke zo goed mogelijk tot je recht komt.

Complimenten
De meesten van ons hebben een dubbel gevoel bij complimenten. We vinden het eigenlijk wel fijn om ze te krijgen, terwijl we graag vasthou-

den aan onze trots en er liever boven willen staan. Hoe we het ook wenden of keren, doorgaans hebben complimenten een groter effect dan we denken. Of we het willen of niet, iemand die ons een compliment geeft, duwt op een van onze knoppen waardoor we spontaan positief reageren. De reden daarvan is wat soms een 'positieve vertekening' wordt genoemd. Het proces loopt ongeveer als volgt. Als we een compliment van iemand krijgen, weten we nooit of dit gemeend is of niet. Als het wel gemeend is, is dat natuurlijk prachtig en voelen we ons er met reden goed bij. Als het niet gemeend is en iemand geeft ons toch een compliment, dan gaat die persoon er klaarblijkelijk van uit dat we dom genoeg zijn om ons daardoor te laten beïnvloeden. Omdat we nooit zeker weten om welke van beide het gaat, zijn we geneigd om te kiezen voor die interpretatie waar we ons het best bij voelen, en dat is uiteraard de eerste.

Onderzoek bevestigt dit mechanisme. Men is nagegaan hoe mensen reageren wanneer ze commentaar over zichzelf krijgen van iemand van wie ze weten dat die iets van hen wil. Er werden drie verschillende condities gebruikt. In de eerste werd alleen positief commentaar gegeven, in de tweede alleen negatief commentaar en in de derde zowel positief als negatief. Wanneer later aan de proefpersonen werd gevraagd wat ze ervan vonden, is het niet verbazend dat de positieve evaluatie het meest werd geapprecieerd, ook al wist de proefpersoon dat de beoordelaar er alle belang bij had bij hem in een goed blaadje te komen staan. Merkwaardiger is dat het niet uitmaakte of het commentaar juist was of niet, behalve wanneer het negatief was of niet eenduidig positief. Hoezo staan we boven het effect van complimenten?

Uiteraard leveren deze onderzoeksresultaten geen bewijs dat alle complimenten altijd werken. Doorzichtige en onoprechte complimenten zullen je niet ver brengen. We kennen allemaal wel de goedkope verkooptrucs om iemand bij het eerste contact alvast te complimenteren met zijn mooie stropdas om dan pas op te merken dat hij geen das draagt. Maar ja, het was ons in die cursus zo geleerd. Hier is het ons niet om te doen. Waar het wel om gaat, is dat wanneer je met iemand samenwerkt, je altijd dingen zult vinden die je van ganser harte waardeert. Daarover niets zeggen zou zonde zijn, wanneer je weet welk effect het kan hebben als je het wel doet.

7.1.4 Hoe gebruik je sympathie in een professionele context?

Doe moeite voor de ander

Een verkoopmanager van een internationaal bedrijf was verantwoordelijk voor het segment auto-industrie. Hij beheerde een portemonnee van verscheidene honderden miljoenen euro per jaar. Hij vertelde hoe hij naar de hoofdvestiging van een bepaald automerk ging voor de jaarlijkse prijsonderhandeling. Hij wist dat zijn gesprekspartner, een vrouwelijke inkoopdirecteur, jarig was op de dag van hun afspraak. Voor zijn vertrek uit Schiphol kocht hij nog gauw een paar pantoffels in de vorm van klompen als verjaardagsgeschenk. Hoe Hollands en stereotiep kun je zijn. Omdat hij geen idee had van haar schoenmaat (geef toe, dit zou toch wat ver gaan) besloot hij om maatje 35 te kopen om haar vervolgens het compliment te kunnen maken dat ze op kleine voet leefde, dus zuinig was.

Hij had een presentatie voorbereid over hoe het in het afgelopen jaar allemaal was gegaan. Hij ging hierbij uitvoerig in op het feit dat de inkoop in sommige van hun vestigingen (anders dan op het hoofdkantoor) nog niet helemaal professioneel verliep en gaf meteen een paar adviezen om dit te professionaliseren.

De koetjes en de kalfjes rond de verjaardag plus de presentatie namen ruim twee uur in beslag van de voorziene tweeënhalf uur. Bleven nog twintig minuten over waarin over prijs gepraat werd. Op dat moment is het voor de klant vrijwel onmogelijk geworden om nog fors af te dingen op de gevraagde prijsverhoging, want wat had de verkoper tot dan toe al niet gedaan?

Allereerst was er de attentie. Belangrijker dan de spulletjes op zich was dat hij toonde dat hij wist dat het haar verjaardag was en dat hij moeite had gedaan, niet alleen om het uit te zoeken maar ook om het te registreren en er iets mee te doen. Je details herinneren over gesprekspartners en die later ter sprake brengen is bijzonder krachtig en vraagt van jezelf niet meer dan een minimale inspanning.

Vervolgens had hij zich opgesteld als een collega en zich bezorgd getoond over dingen waarvan hij wel zeker wist dat ze haar ook bezighielden, namelijk de efficiency van lokale verkoopkantoren. Meer nog: hij had haar ook goede adviezen aan de hand gedaan.

Als hij dan niet haar beste vriend was, wie dan wel?

We hebben in het eerste deel van dit boek gesproken over verschillende beslisstijlen. Als je je argumentatie conform maakt aan de beslisstijl van de ander, heb je meer kans om hem of haar te overtuigen. Vanuit het standpunt van de ontvanger zit je boodschap logisch in elkaar, want conform aan zijn of haar eigen logica. Weerstand hebben tegen jouw argumentatie zou dan neerkomen op weerstand hebben tegen de eigen manier van denken. Dit is weinig waarschijnlijk.

We hebben vroeger verwezen naar het belang van je aanpassen aan de dresscode van je gesprekspartners. Een variant hierop is 'demografische matching'.

Een voorbeeld: met enige regelmaat valt bij ons een uitnodiging op de mat om te komen spreken op bijeenkomsten van jonge ingenieurs of eindejaarsstudenten. Wanneer we daarop ingaan, neemt waar mogelijk een jonge collega deze taak op zich en niet een oude knar. De leeftijdsgroep is een demografische categorie. Iemand sturen uit de leeftijdsgroep van je publiek creëert automatisch een band.

Tijd maken voor anderen en daardoor aantonen dat je belang in hen stelt, hoort ook in dit rijtje thuis. Mensen die hierin investeren, maken onveranderlijk sympathie los. Zelfs contact op zich is een uitstekende voorspeller van vertrouwen en dus sympathie. Hoe meer tijd we met iemand doorbrengen (bv. rechtstreekse collega's), des te sterker de band wordt en des te groter de kans op positieve gevoelens.

Wees vriendelijk en demonstreer je goodwill
Martine geeft leiding aan de dienst customer service. Ze beheert een aantal processen die ook door andere teams worden gevolgd. Voor de andere teams is dit meer een last dan een zegen. Sterker nog, als zij één afdeling een bottleneck vinden die al hun operaties vertraagt, dan is het wel customer service.
Martine ziet in dat wanneer ze medewerking wil voor haar processen, het dan geen goed idee is om te gaan uitleggen hoe die processen pre-

cies in elkaar zitten en waarom het zo belangrijk is om die te volgen. Wat ze systematisch eerst doet, is vragen waarmee een ander team bezig is, wat hun kritieke punten zijn en waar het hun eigenlijk om is te doen. Vervolgens draagt ze het volgen van de processen over aan de zorgen van dit andere team en licht ze toe hoe dit dienstbaar is voor hun doelstellingen.

Eerst zoeken naar gemeenschappelijkheid en deze in de verf zetten is een wijze strategie. Als je in een contractbespreking stapt, kun je openen door te vertellen en met voorbeelden toe te lichten dat beide partijen er tot dan toe heel goed in geslaagd zijn om hun werkrelatie gezond te houden, zonder wrijvingen of negatieve publiciteit naar buiten toe.

Een bijzonder waardevolle tip voor diegenen onder jullie die vaak onderhandelen, is ervoor te zorgen dat je gesprekspartner/tegenpartij na de onderhandelingen een goed verhaal heeft naar zijn eigen management, zodanig dat hij in staat is de uitkomst van jullie gesprek intern te verkopen. Zorg ervoor dat de ander ook iets binnenhaalt waarvoor hij waardering krijgt.

Geef complimenten
Zojuist hebben we het gehad over de kracht van complimenten, ook over onze afkeer van een compliment dat wordt gebruikt als trucje. Het is ook gruwelijk om te bedenken dat soms in managementtrainingen wordt aangeleerd om minstens tien complimenten per dag te geven. Je ziet het al voor je. Het is vier uur 's middags en de manager constateert tot zijn grote schrik dat hij er nog zeven moet doen. Hij stormt de gang op en slaat zijn rechterhand murw met zeven schouderkloppen en weet je wat, ik geef er alvast nog vier extra, dan hoef ik er morgen nog maar zes. Doe dit jezelf en je collega's of medewerkers nooit aan!
 Anderzijds is het zo dat wanneer je de mensen in je buurt in de gaten houdt, er eindeloos veel dingen zijn die je van harte waardeert. Die kansen onbenut laten zou zonde zijn. Als je het echt meent en je wilt de kracht van complimenten vergroten, dan kun je denken aan Felix. Felix is onze buurman die mij enkele weken geleden over de heg (zoals het tussen buurmannen hoort) een reusachtige courgette kwam

brengen. Toen ik hem vervolgens zei: 'Jeetje, wat een kanjer. Zijn die allemaal zo groot bij jou?' wist ik zeker dat het compliment aankwam, omdat Felix er energie in heeft gestopt en er voor een klein deel zijn identiteit aan ontleent. Dit is altijd een veilige weg. Complimenten geven voor die dingen waarmee mensen zich identificeren en waarvoor ze veel tijd en moeite overhebben, doet hun altijd een groot plezier.

Soms hebben we een soort gêne om complimenten te geven. Wat je in dat geval kunt overwegen, is om complimenten indirect te geven.

> Stel, je wilt Helena aan je kant krijgen en je weet dat zij heel veel optrekt met Marc. In dat geval kun je je in een gesprek met Marc lovend over Helena uitlaten. Je rekent er dan op dat Marc dit wel aan haar doorvertelt. Wanneer dit gebeurt, krijgt je compliment extra kracht, omdat het afkomstig is van een onverdachte bron.

Wanneer je rechtstreeks complimenten geeft en je wilt ze extra krachtig maken, is het goed om meer te doen dan een schouderklopje geven. Wat je kunt doen is je compliment funderen. Bijvoorbeeld: in e-mails is 'bedankt voor je snelle reactie' een standaardantwoord. Er is absoluut niets tegen om dit te doen. Als je er het maximumeffect uit wilt halen – ervoor zorgen dat die persoon de volgende keer ook snel reageert – kun je aan het eerste zinnetje toevoegen: '... want daardoor kon ik...' Je voegt er dus aan toe waarom die snelle reactie zo belangrijk was voor jou.

Een indirecte en krachtige manier om iemand te complimenteren is om deelnemers aan een vergadering op een later moment te citeren. Dit gaat als volgt. Tijdens een vergadering heeft Ludo een opmerking gemaakt over onderwerp X. Een tijdje later heb je zelf een inbreng en begin je je tussenkomst met: 'Wat ik wil zeggen, sluit eigenlijk heel goed aan bij wat Ludo daarnet zei, namelijk...' Verwijzen naar of citeren van anderen betekent dat je belang hecht aan hun mening.

Creëer solidariteit
Het volgende kun je bezwaarlijk een techniek noemen, omdat het meer te maken heeft met gezond verstand. Het appelleert wel aan hetzelfde

mechanisme, namelijk het creëren van sympathie en goodwill. De onderliggende slogan luidt: 'What's in it for me?' De betekenis hiervan is dat elke keer dat je een verandering geaccepteerd wilt krijgen, je jezelf moet afvragen wat voor de betrokkene het tastbare voordeel ervan is. Door het voordeel in de verf te zetten demonstreer je dat je aan hun zorgen hebt gedacht en dus een inspanning voor hen hebt gedaan. Dat zal niet onbeloond blijven.

De volgende werkwijze is iets minder vaak toepasbaar, maar daarom niet minder krachtig. Ik kwam ermee in aanraking in een chemisch concern.

> Op een bepaald moment werd besloten om van een landenorganisatie over te schakelen naar een regionale. Ik werd betrokken bij het in elkaar schuiven van de it-afdelingen van de Benelux, Italië en Frankrijk, die voortaan de regio 'Zuid' werd genoemd. Culturele en methodologische verschillen bemoeilijkten de samenwerking hevig. De verschillen tussen met name Nederlanders en Italianen waren enorm, en het was niet vanzelfsprekend dat beide landen ooit probleemloos zouden samenwerken. Naast de consolidatie van de zuidelijke landen werden gelijktijdig de Scandinavische landen en het Verenigd Koninkrijk samengevoegd tot de regio 'Noord'. De ultieme stap zou zijn om Noord en Zuid op hun beurt samen te voegen tot één grote regio. De vraag zou dan zijn welke regio na die fusie de leiding zou hebben en wiens methodologie dan werd gevolgd. De projectmanager van de zuidelijke groep maakte van die onzekere situatie handig gebruik door een gemeenschappelijke 'vijand' te creëren: de regio Noord. Hij deed dit door zijn regio continu te voeden met gegevens over hoe snel en efficiënt de fusie in het noorden verliep en zijn mensen aan te sporen het beter te doen en Zuid te verslaan. Dit schiep een grote interne solidariteit, die het veel gemakkelijker maakte om over onderlinge verschillen heen te stappen omwille van het grotere gemeenschappelijke doel. Het zal duidelijk zijn dat hij die werkwijze alleen zodanig kon volgen, dat de competitie tussen Noord en Zuid geen nadelige gevolgen had voor de onderneming als geheel.

Het creëren van een gemeenschappelijke vijand zie je vaak in de politiek. Wanneer binnenlandse problemen de kop opsteken, maken politici die secundair door een externe gemeenschappelijke vijand aan te wijzen. Solidariteit vervangt rivaliteit. Dit kan best één van de redenen zijn waarom de Europese kritiek op de Irakoorlog in de Verenigde Staten niet veel indruk maakte. Zoals president Bush het in een verkiezingstoespraak noemde: 'De buitenlandse politiek van de Verenigde Staten wordt niet gemaakt in Parijs, maar bij ons.'

De variant *good cop-bad cop*-techniek kennen we allemaal. Ze wordt bij mijn weten nog steeds vaak gebruikt in politieland. Het mechanisme is het volgende. Twee rechercheurs spreken op voorhand af wie bij het verhoor de 'goede' en wie de 'slechte' zal zijn. Vervolgens neemt de 'slechte' het initiatief en gaat fors tegen de verdachte tekeer tot de 'goede' collega ertussen komt, zijn maat naar buiten stuurt om wat af te koelen en vervolgens tegen de verdachte iets zegt in de trant van: 'Je moet het hem maar niet kwalijk nemen, hij is al 36 uur aan één stuk op de been en is wat over zijn toeren. Ik neem het wel even over.' De 'goede' politieman neemt de verdachte zogenaamd in bescherming tegen zijn brute collega en sluit op die manier een bondgenootschap met hem. Daardoor kan hij op heel wat meer goodwill rekenen en wordt het veel gemakkelijker om informatie los te krijgen.

In zakelijke onderhandelingen wordt de techniek net zo goed gebruikt. Nemen we prijsonderhandelingen als voorbeeld.

Stel, je bent inkoper en je bent na lange discussies tot een akkoord gekomen met een verkoper. Voordat je dit akkoord formaliseert, zeg je dat het gebruikelijk is om het eerst nog aan je chef voor te leggen. Of je dit nu werkelijk doet of niet maakt niet uit. Je belt de verkoper op om hem met enige gêne te zeggen dat je chef je voor schut heeft gezet door het akkoord niet te willen accepteren en dat je van voren af aan zou moeten beginnen. Uiteraard wordt deze mededeling niet echt met gejuich onthaald aan de overkant. Vervolgens benadruk je dat het je toch wel erg hoog zit en stel je voor om te proberen je chef toch nog op andere gedachten te brengen. Tijdens het volgende telefoongesprek met de verkoper kun je triomfantelijk uitpakken met de boodschap

> dat je je chef hebt overgehaald, zij het niet voor het oorspronkelijke akkoord, maar toch voor iets wat aardig in de buurt komt. De kans dat dit door de verkoper wordt geweigerd, is klein.

Een andere variant wordt vaak gebruikt in retailverkoop. De verkoper kiest de zijde van de klant, ogenschijnlijk tegen het belang van zijn bedrijf in. 'Ik mag dit eigenlijk niet doen, maar...'

Een totaal andere strategie om solidariteit te creëren met de brenger van een boodschap, wordt op schitterende wijze toegepast in de film *Fahrenheit 9/11*.

> De boodschap die de cineast wil meegeven is duidelijk: hij vindt de oorlog in Irak onverantwoord. Hij zou deze boodschap luid en duidelijk kunnen geven als een soort pamflet. Hij gebruikt zijn medium echter heel wat verstandiger. Als je de film hebt gezien, herinner je je vast dat hij soms eerst mensen ten tonele voert die vóór de invasie zijn. Later in de film toont hij deze mensen opnieuw, wanneer hun mening helemaal is omgedraaid. Een dergelijke techniek is erop gericht om aan te sluiten bij de voorstanders van de oorlog. Zij kunnen zich namelijk herkennen in het pleidooi vóór de oorlog. Op dat moment identificeren ze zich met het patriottistische standpunt. Het feit dat dezelfde persoon van mening verandert, baant als het ware de weg voor hen om mee te veranderen. Dit is een vakkundig gebruik van het basisprincipe 'eerst aansluiten en dan pas sturen' dat we in het begin van dit boek hebben besproken.

Zet gelijksoortigheid in de verf

Algemeen is het vaak een goede strategie om je overeenkomst met de persoon die je wilt beïnvloeden extra in de verf te zetten. Als je even wat extra aandacht besteedt aan de 'sociale babbel', zul je er versteld van staan hoeveel punten van gelijkenis je met je gesprekspartner kunt vinden. Je kunt het accent van jullie streek oppikken, misschien heeft hij ook zonen, heeft hij aan dezelfde hogeschool gestudeerd, werkt hij met hetzelfde merk computer, enzovoort. Het is een kleine moeite om telkens wanneer je een punt van overeenstemming vindt, dit te bena-

drukken. Zo maak je een bondgenoot.
Hou ook rekening met de kledingcode in specifieke situaties. In het ene bedrijf is vrijetijdskleding het uniform, in het andere zijn maatpakken en mantelpakjes de ongeschreven wet. Als je die zaken op voorhand weet, is het makkelijk om er rekening mee te houden. Je maakt er het leven alleen maar makkelijker mee. De boodschap die je geeft is: 'Ik ben één van jullie.'

Als je in een cultureel diverse omgeving werkt, is het wijzen op overeenkomsten soms minder vanzelfsprekend. Het is al moeilijk genoeg om het verschil tussen de aard van een Fries en een Limburger aan te voelen. Eigenlijk is het woord 'vrijwel onmogelijk' beter op zijn plaats. Hoe complex is het dan om de cultuur te 'lezen' van andere Europese landen, laat staan van landen op andere continenten.

Deze verschillen houden echter ook kansen in: mensen uit andere landen zullen het vaak bijzonder waarderen wanneer je enkele woorden in hun taal spreekt, als je de moeite genomen hebt om je kaartje in hun taal te laten vertalen, ook al begrijp je er verder geen jota van. De basis voor sympathie blijft dezelfde: je demonstreert dat je bereid bent moeite te doen om je te verplaatsen in hun realiteit. Je inspanningen zullen met sympathie worden beloond.

Veranker je boodschap positief
Niets nieuws in deze techniek. Ze wordt in de meeste reclameboodschappen gebruikt. Wat men doet is de boodschap associëren met een andere, aangename activiteit, bijvoorbeeld bier met gezelligheid, deodorant met seks, en noem maar op. Hetzelfde principe wordt gebruikt voor het creëren van goodwill. Een bedrijf nodigt zakelijke partners uit in de skybox van een voetbalclub, op een golfterrein, organiseert familiedagen voor het personeel. Al deze activiteiten hebben gemeen dat twee leefwerelden, de zakelijke en de sociale, met elkaar geassocieerd worden, waardoor het puur zakelijke een aangenamere bijklank krijgt.

Een speciale variant hiervan is een vorm van *name dropping*.
Als ik een streepje voor wil hebben bij Cedric en ik weet dat hij goede maatjes is met Adri, dan zal ik in een gesprek met Cedric niet nala-

ten om te vertellen hoe aangenaam het was om met Adri te praten. Immers: 'de vrienden van mijn vrienden zijn mijn vrienden'.

7.1.5 DE TOEPASSINGEN OP EEN RIJTJE GEZET

1. Zet overeenkomsten in de verf.
2. Laat zien dat je je inspant om samen te werken.
3. Erken de tegenwerpingen die iemand anders maakt.
4. Geef gemeende complimenten.
5. Geef complimenten via een derde persoon.
6. Voeg steeds de motivatie van je compliment toe.
7. Neem de beslisstijlen van de ander over in je argumentatie.
8. Citeer een deelnemer aan de discussie op een later moment in die discussie.
9. Gebruik de *good cop-bad cop*-techniek.
10. Glimlach als je het meent.
11. Neem lichaamstaal, volume en spreekritme van je gesprekspartner over.
12. Gebruik in je antwoorden op mails dezelfde terminologie als in de oorspronkelijke mail van de afzender.
13. Zorg ervoor dat je gesprekspartner ook kan scoren.
14. Benadruk eerst de punten van gemeenschappelijkheid voor je verschilpunten aanpakt.
15. Voor zover dit geen negatieve functionele gevolgen heeft, creëer een gemeenschappelijke 'vijand'.

7.2. Hoe kun je je autoriteit en je betrouwbaarheid vergroten?

7.2.1 WAAROM IS AUTORITEIT ZO BELANGRIJK?

Autoriteit verbinden we spontaan met uniformen, titels en statussymbolen. Hoewel we het niet nalaten af en toe de draak te steken met autoriteiten, hebben ze als het erop aankomt een sterke invloed op ons gedrag, zelfs valse autoriteiten.

Een eenvoudig experiment met een acteur in een vals politieuniform laat zien hoe je mensen om het even wat kunt laten doen, zolang ze maar denken dat je een agent bent: een sprongetje maken, een papiertje op de openbare weg gooien, op een lijn lopen... tot het bewaken van een zogenaamde crimineel die ze zelfs met een staaf elektroshocks toedienen als hij ertussenuit wil knijpen. Althans, ze denken dat de nepagent een shock toedient. De enige reden dat ze het doen, is dat een man in een uniform het hun vraagt.

Zelfs wanneer men een grap uithaalt met mensen in een stadhuis, blijkt de ambtenaar die een huwelijksgelofte afneemt ook al over voldoende autoriteit te beschikken om een nietsvermoedende voorbijganger van straat te plukken en hem de huwelijksgelofte met een wildvreemde te laten opdreunen. De voorbijganger die dacht dat hij getuige moest zijn, is weliswaar verbijsterd, maar herhaalt gedwee de woorden die de ambtenaar hem voorzegt, tot en met het aan de vinger schuiven van de ring zodat men strikt juridisch bekeken zojuist met een wildvreemde is getrouwd. Aangezien de man noch de vrouw van het bruidspaar reageert, lijkt de situatie niet meer dan normaal.

Van kindsbeen af hebben we geleerd om autoriteit te gehoorzamen. We hebben leren gehoorzamen aan onze ouders en onze leraren, ten dele omdat die meer kennis en ervaring hadden en ten dele omdat zij controle hadden over beloning en straf.

Als volwassene kijk je anders aan tegen autoriteitsfiguren, maar het mechanisme blijft hetzelfde omdat het nog steeds grote voordelen heeft. Het opvolgen van advies van autoriteiten helpt ons vaak om snelle en correcte keuzes te maken.

Zolang het om onschuldige grapjes gaat zoals de ambtenaar van hierboven, is er niet veel aan de hand. Maar helaas kennen we ook de desastreuze gevolgen van blinde gehoorzaamheid. In de luchtvaart is er een effect bekend dat *captainitis* heet. Het is ontdekt door mensen die de oorzaak van vliegtuigongevallen onderzochten. Het is het fenomeen dat, ook al is het voor iedereen in de cockpit duidelijk dat de gezagvoerder een fout maakt, bemanningsleden zich schikken naar de autoriteit van de gezagvoerder en niet reageren op diens soms letterlijk rampzalige fouten.

Onlangs werd mij een onwaarschijnlijk verhaal verteld.

> Op een hoofdkantoor kon je in de veiligheidsregels onder andere lezen: 'Wanneer je een ammoniakgeur waarneemt, bel dan onmiddellijk naar nummer...' Op een dag nam iemand een dergelijke penetrante geur waar. Ze belde gelijk het nummer en kreeg vanuit de telefooncentrale het volgende antwoord: 'Dat kan niet, want er is nog geen melding geweest.' Kennelijk wachtten zij op een melding van een gecomputeriseerd bewakingssysteem dat door een derde firma werd beheerd. Dat was voor hen de autoriteit.

Op grotere schaal tonen totalitaire regimes, maar ook alle totalitaire organisaties, een pijnlijk bewijs van de blindheid die soms samengaat met het volgen van deze op zich best nuttige gedragsregel. Niet enkel in exotische landen of in de vroege geschiedenis.

7.2.2 WELK PRINCIPE GAAT ERACHTER SCHUIL?

Waarom autoriteit een zo krachtig instrument is, kunnen we opnieuw verklaren vanuit onze evolutie. Door generatielange ervaring weten we dat het volgen van leiders doorgaans een goede beslis- en gedragsregel is. Een maatschappij waarin geen gezag heerst, zou snel in anarchie vervallen. Omdat het respecteren en volgen van autoriteit zo diep is ingebakken, komt bij een autoriteitssignaal automatisch volggedrag tevoorschijn. Als je mensen later vraagt waarom ze op die signalen zo prompt reageren, hebben ze geen verklaring. Het is belangrijk om je te realiseren dat net zomin als bij de eerder besproken principes dit volggedrag niet gestuurd wordt door het rationele denken; het is irrationeel gedrag dat echter zijn wetmatigheden heeft en daardoor voorspelbaar wordt.

7.2.3 WAT LEERT ONDERZOEK ONS OVER DE IMPACT VAN AUTORITEIT?

Gefascineerd door het Eichmanproces wou de Amerikaanse professor Stanley Milgram achterhalen of de nazi's alleen bevelen hadden opgevolgd, zoals Eichman beweerde, of dat ze ook zelf verantwoordelijk waren voor hun misdaden tegen de menselijkheid.

Het roemruchte Milgramexperiment vond plaats in 1961-1962 in Yale. Via een advertentie rekruteerde Milgram vrijwilligers voor een proef rond leerprocessen en de werking van het geheugen. De proefleider wees de vrijwilliger aan als 'leraar', de andere proefpersoon als 'leerling'. Deze rollen werden zogezegd door het lot bepaald maar de vrijwilliger kwam steeds in de rol van leraar terecht. De 'leerlingen' waren allen acteurs. Het experiment, dat het effect van straf op het leergedrag moest onderzoeken, bestond eruit dat de leraar een lijst van woordparen declameerde en de proefpersoon nadien bij het horen van het eerste woord de tweede helft van het woordpaar moest geven. Bij elk foutief antwoord moest de 'leraar' de proefpersoon, die in een andere ruimte in een stoel was vastgebonden, een elektische schok geven. De laagste schok was er een van 45 volt. Het effect van de schokken hadden de 'leraren' bij het begin van de proef eerst zelf aan den lijve ondervonden. Bij elke nieuwe fout steeg de kracht van de schok met 15 volt. Bij elke knop stond vermeld hoe zwaar de schok was. De 'leraar' kon tot de dodelijke 450 volt gaan. Veel 'leraren' begonnen te twijfelen wanneer ze de proefpersoon almaar luider hoorden schreeuwen, hem hoorden klagen over zijn hart en hem hoorden bonken op de tussenmuur. De proefleider, gekleed in de witte jas die eigen is aan wetenschappers, wees de 'leraren' echter op hun verantwoordelijkheid en zei hun door te gaan.

Voor het begin van het experiment had Milgram aan veertig deskundigen gevraagd om het gedrag van de vrijwilligers te voorspellen. De verwachting van deze experts was dat de meesten niet verder zouden gaan dan 150 volt en dat slechts één op duizend, de echte sadisten, tot de dodelijke 450 volt zouden gaan.

In werkelijkheid ging 65 procent door tot het hoogste voltage. Hoewel ze protesteerden waren de meesten toch gehoorzaam en niemand stopte voor 300 volt, het moment waarop de proefpersoon niet meer reageerde. Geen enkele van de vrijwilligers ging in op het verzoek van de proefpersonen om ermee op te houden, ook niet wanneer die erom smeekte of schreeuwde. Hoewel de vrijwilligers konden vermoeden dat de proefpersonen er erg aan toe waren, ging niemand de 'leerlingen' helpen zonder toestemming aan de proefleider te vragen.

Een dergelijk experiment zou nu ethisch gezien niet meer mogelijk zijn. Na de Tweede Wereldoorlog wilde men echter begrijpen hoe het kon dat zo veel mensen zulk onmenselijk gedrag hadden vertoond. Was het cultureel bepaald? Was het de aard van de leider? Zat het kwaad in de mens?

Het Milgramexperiment werd overal ter wereld herhaald en wees overal, weliswaar met variaties, in dezelfde richting. De autoriteit van de proefleider in de witte jas was zo dwingend dat de vrijwilliger doorging met het toedienen van schokken. Afhankelijk van de context zijn we allemaal in staat om het kwade in ons naar boven te halen of liever, te laten komen.

Als we over dergelijke experimenten nadenken, kunnen we ons moeilijk voorstellen dat wij op de stoel van de leraren zouden zijn doorgegaan. Dat is precies waar het om gaat. Als we er rationeel over nadenken, is stoppen met het experiment de enige mogelijke keuze. Het feit dat in de praktijk vrijwel niemand stopt, betekent dat in die situatie het gedrag gestuurd wordt door andere mechanismen dan de ratio.

Wat dichter bij huis nu. Iets minder extreem, maar zeker niet geruststellend. Stel je een ziekenhuis voor. Op een bepaald moment krijgt een verpleegkundige een telefoontje van iemand die zegt dokter X te zijn en aan de verpleegkundige vraagt om aan een specifieke patiënt 20 mg van een bepaald medicijn toe te dienen. De onderzoeksvraag was hoeveel verpleegkundigen deze opdracht zouden uitvoeren. Voor een goed begrip moet je een paar dingen weten. Het doorgeven van medische voorschriften per telefoon was in dat ziekenhuis verboden. Het medicijn in kwestie was niet toegestaan. De dosis van 20 mg was twee keer zo hoog als het toegestane maximum (dit stond op de verpakking vermeld). De dokter was totaal onbekend voor de verpleegkundige. De resultaten: 95 procent van de verpleegkundigen ging in op het verzoek. Wanneer men andere verpleegkundigen de situatie voorlegt en hun vraagt wat ze in dat geval zouden doen, zegt slechts 6 procent dat ze de opdracht zouden uitvoeren. Het verschil is fascinerend en begrijpelijk. In het ene geval reageren ze automatisch. Door een dokter op te voeren wordt er bij verpleegkundige gedrukt op de knop 'autoriteit'.

Tijdens hun opleiding en erna is deze relatie voortdurend gelegd.

Het mechanisme is kennelijk veel sterker dan hun rationele denken. Als men hun los van de situatie vraagt wat ze zouden doen, geven ze een antwoord waarbij ze in de eerste plaats hun beeld over hun identiteit intact houden. Natuurlijk zijn ze rationeel! Een prachtig voorbeeld van hoe wat we denken dat ons gedrag stuurt, totaal verschillend kan zijn van wat de facto ons doen en laten bepaalt.

Niet alleen uniformen of titels verwijzen naar autoriteit. Ook alles wat status uitstraalt, heeft dezelfde krachtige werking. Een eenvoudig experiment op straat illustreert dit. Op een kruispunt met verkeerslichten stopt een proefwagen voor het licht dat op rood springt. In de ene situatie gaat het om een oude Lada, in de andere om pakweg een gloednieuwe BMW 700. Wanneer het licht op groen springt, blijft de proefwagen staan. Men registreert de verschillende reacties die dat losweekt bij de bestuurder die achter de proefwagen staat. In het geval van de Lada wacht men gemiddeld 7,1 seconden voordat men reageert, terwijl dat bij de BMW 9,7 seconden is. Men noteert ook hoeveel en welk soort reacties de proefwagen uitlokt. In het geval van de auto met een lage status reageert 84 procent van de autobestuurders, variërend van toeteren tot ertegenaan rijden. Bij de wagen met hoge status zijn er slechts in 50 procent van de gevallen reacties.

Wanneer men mensen vraagt hoe lang het zou duren voor ze reageren op een wagen die blijft stilstaan voor het groene licht, is de gemiddelde aangegeven wachttijd bij een Lada 9,1 seconden en bij een BMW 5,5 seconden, precies het tegenovergestelde van wat het experiment aantoont. Wat we zeggen is dus echt geen graadmeter voor wat we doen.

Wist je trouwens dat op een kruispunt, ook al staat het voetgangerslicht op rood, er tot drie maal meer mensen toch oversteken wanneer de eerste persoon die dit doet het uniform draagt van een zakenman (keurig pak, stropdas) dan wanneer de eerste vrijetijdskleding draagt?

Nog meer over titels en status. Een typisch Amerikaans fenomeen is dat artsen hun getuigschriften en diploma's inlijsten en aan de muur van hun spreekkamer hangen. Dat is meer dan opschepperij. Het vergroot hun autoriteit en onderzoek wees uit dat dit zich vertaalt in de mate waarin patiënten zich aan medische voorschriften houden. Therapietrouw, zoals dit genoemd wordt, blijkt 34 procent hoger te liggen (je leest het goed) bij patiënten van artsen die hun kunde etaleren dan bij hun collega's die daar discreter over zijn en geen diploma's ophangen.

7.2.4 Hoe gebruik je autoriteit in een professionele context?
Verzorg de krans op de goede wijn

Een tijdje geleden begeleidde ik een training 'Communiceren met senior management'. Een deel van de opzet was dat een lid van de directie commentaar gaf op de presentaties van de deelnemers. Eén van de directieleden was een Canadese vrouw. Bij het begin van de sessie vroeg ze aan de aanwezigen om zich voor te stellen. Enkele Vlamingen waren als eersten aan de beurt. Nadat ze hun naam hadden gezegd, vertelden ze telkens wie hun baas was. Dat hebben ze geweten. Ze werden meteen onderbroken, want de vrouw 'wilde niet weten wie hun baas was, maar wel wie zij waren'.

Toen even later een man zijn presentatie gaf, onderbrak ze hem na een paar minuten. Ze merkte op dat de man, hoewel hij heel lang was, zijn lengte totaal niet in zijn voordeel gebruikte, omdat hij zich voorovergebogen hield. Bij een vrouw merkte ze net het tegenovergestelde op. De vrouw was klein. Ze raadde haar aan dit te compenseren door kleding en make-up, vooral met rode lippenstift. Als vrouw had ze zich kennelijk opgewerkt en gevochten tegen de stroom van mannen in. Daarom wist ze uit ervaring hoe belangrijk het is om alles wat je aan macht kunt uitstralen, zeker als je als vrouw in een mannenwereld terechtkomt, ook te gebruiken.

Een ander aspect is het verkopen van zichzelf.

Bij de voorstelronde had de Canadese vrouw een andere vrouw onderbroken toen ze iets over haar achtergrond vertelde. De drie personen voor haar waren allemaal ingenieurs. Toen de vrouwelijke collega aan de beurt was, zei deze dat ze niet zo slim was als haar voorgangers want zij had communicatiewetenschappen gestudeerd...

De Canadese kon niet begrijpen dat iemand haar eigen competenties zo naar beneden haalde en bezwoer haar om zichzelf nooit meer op zo'n denigrerende manier te introduceren.

Je moet je realiseren dat, zodra je in een gemengd gezelschap bent, je met de anderen vergeleken zult worden. Zeker wanneer het contact van korte duur is, is het belangrijk hoe je je vanaf het begin presenteert. Hou alsjeblieft heel goed in de gaten dat in organisaties de facto het volgende motto geldt: 'Niet-geuite competentie wordt gezien als incompetentie.' Natuurlijk klinkt dit onrechtvaardig, maar het is niet anders.

Enige tijd geleden werd ik door de Belgische vestiging van een Amerikaans consultancybedrijf gevraagd om een van hun consultants door te lichten. De man in kwestie was in een vorig leven personeelsdirecteur geweest in een aantal bedrijven en werkte sinds zes maanden bij zijn nieuwe club. Recentelijk was hij uitgestuurd naar een Europese trainingsbijeenkomst van zijn bedrijf en na het evenement kreeg het kantoor in België een brief met de mededeling dat ze de man maar beter niet meer konden sturen omdat hij niet intelligent genoeg was. Het was mijn opdracht om een beoordeling van hem te maken.

Hij bleek een veertiger, psycholoog van opleiding en uitgesproken introvert. Hij vertelde dat de schrik hem om het hart sloeg toen hij de inhoud van de brief vernomen had. Als psycholoog wist hij dat intelligentie niet per definitie een constante is en dat je in bepaalde omstandigheden, op een zekere leeftijd, met forse intelligentiedips te maken kon krijgen. De laatste die dat dan in de gaten krijgt, ben je natuurlijk zelf. Hij was naar een collega-psycholoog gegaan en had hem één ding gevraagd: 'Wat is mijn IQ?' Antwoord: 143. Grote opluchting, maar wat was er dan precies misgelopen? Hier is het verhaal.

Consultants van zijn bureau stonden bekend als snelle, verbale jongens en meiden met flitsende auto's en dure kleding. Als ze getypeerd worden als agressief, zijn ze goed bezig. Een heel expliciete carrièrerichtlijn binnen dergelijke bureaus is 'move up or move out': als je niet in staat bent om promotie te maken, maak je dan maar uit de voeten.

Een van de redenen waarom internationale bijeenkomsten georganiseerd worden is 'exposure': de kans om zich te profileren ten aanzien van hun management. Uitgerekend in dat milieu was deze introverte Vlaming terechtgekomen. Toen hij hoorde van de Europese bijeenkomst, vond hij dit wel een buitenkans. Hij dacht daar ongelooflijk veel te kunnen leren. Als een spons zoog hij alle nieuwe informatie op. Zelf zei hij nauwelijks iets, want hij werkte pas enkele maanden voor het bedrijf en wilde niet arrogant lijken. Niet zo'n slimme zet binnen de bedrijfscultuur. Zijn collega's en de organisator konden maar niet vatten dat iemand die de unieke kans kreeg om drie dagen lang 'exposure' op Europees niveau te krijgen, zijn mond niet roerde. Voor hen was de enig mogelijke verklaring dat hij wellicht verkoos om te zwijgen en daardoor de indruk wekte dat hij wat achterlijk was, in plaats van zich te laten horen en te bewijzen dat hij dat niet was. De vernietigende brief was het resultaat.

Er was echter meer aan de hand. Er waren ook klachtenbrieven vanwege klanten. Dit zat zo. Grote projecten deden ze altijd met z'n tweeën. In zijn team was de werkverdeling dat hij al het studiewerk deed, de adviezen voorbereidde, tot en met het samenstellen van de PowerPointpresentatie. Het geven van de presentatie bij de klant liet hij aan zijn extraverte collega over. Die was daar veel beter in. Wat de klant zag waren twee consultants van wie ze wisten dat hun een dubbele rekening te wachten stond, maar waarvan ze slechts de inbreng zagen van één. Waarom dan voor twee betalen? Uiterst onrechtvaardig, vond onze consultant. Hij had al het werk gedaan en een ander kreeg de bloemen. Gemakshalve vergat hij wel om zich te herinneren dat hij zelf de ander had aangemoedigd om te presenteren en het gezicht van het team te zijn.

Al te vaak zijn we geneigd om zelfvertrouwen, je eigen pr verzorgen, voor je kennis opkomen en je manifesteren 'gebakken lucht' of arrogantie te noemen. De Amerikanen, weet je wel. Oké, maar ga voor je dat roept toch maar eens na hoeveel die voor elkaar krijgen en verlies niet te veel tijd door je beklag te doen over hoe onrechtvaardig dat wel is. Een variant op Calimero.

Meer dan elk ander mechanisme heeft autoriteit te maken met geloofwaardigheid. Als je geloofwaardig bent, heb je meer krediet en wordt er meer naar je geluisterd. Zo simpel is dat.

Het is bijzonder *cool* om bescheiden te zijn en niet te hoog van de toren te blazen. Het is echter zeer de vraag of dit inderdaad met bescheidenheid te maken heeft dan wel met de angst om verwachtingen niet in te lossen. Vanuit het standpunt van je 'publiek' kun je het nog anders bekijken. Zij hebben het recht te weten naar wie ze luisteren en of het redelijk is dat ze tijd en energie besteden om dat te doen.

Als anderen je niet kennen, vermeld dan in het begin je kwalificaties ten aanzien van het onderwerp. In het Engels noemt men dat *credentials* en dit woord zegt precies waar het over gaat: geloofwaardigheid. Als je dan toch enige gêne hebt om uit te pakken over jezelf, kun je nog altijd het volgende doen: laat je introduceren, inclusief toeters en bellen, door een derde persoon. Vervolgens kun je die persoon bedanken voor de fraaie 'en overigens enigszins overdreven introductie'.

Een zakelijke toepassing van dezelfde werkwijze is de volgende.

> *Het gaat om een makelaarskantoor in de sector huizen en bouwgrond. Het heeft twee takken. Eén houdt zich bezig met verhuur, de andere met verkoop. Vroeger ging het er als volgt aan toe. Als een (potentiële) klant het kantoor belde, kwam hij automatisch bij de receptionist terecht. Deze ging snel na of het ging over verkoop of verhuur en zou dan zeggen: 'Dan moet u praten met mevrouw Meertens. Ik verbind u dadelijk door.'*
> *Ze zijn erin geslaagd om een beduidend hoger aantal gesprekken met klanten te voeren sinds dezelfde receptionist dingen zei als: 'Ha, u wilt dus een huis verhuren, in dat geval spreekt u het best met mevrouw Meertens, die al meer dan vijftien jaar ervaring heeft met het verhuren van huizen in uw buurt. Ik zal u doorverbinden.'*
> *Iets dergelijks gebeurde met de heer Karte met twintig jaar ervaring in de verkoop van onroerend goed.*

Voor een goed begrip een paar dingen.

Allereerst is alles wat de receptionist nu zegt over de ervaring van de medewerkers absoluut waar. Meertens heeft vijftien jaar ervaring en

Karte is een van de meest succesvolle verkopers van huizen en grond. Als de betrokkenen dit over zichzelf zeggen, wordt dat al snel geïnterpreteerd als bluf en is het dus niet echt overtuigend.

Vervolgens maakte het kennelijk niets uit dat de introductie afkomstig was van iemand die duidelijk tot hetzelfde kantoor behoorde.

Ten slotte is het belangrijk om je te realiseren dat deze verandering absoluut kosteloos was. Iedereen die op het kantoor werkte, kende de expertise en de ervaring van de medewerkers. Iedereen, behalve misschien de meest belangrijke groep van allemaal – de potentiële klanten.

Toch nog dit: wanneer je gebruikmaakt van attributen die autoriteit of status uitstralen, let dan goed op in welke context en cultuur je dit gebruikt. De vuistregel hierbij is dat sympathie doorgaans belangrijker is dan autoriteit en daarom moet je de heersende codes respecteren. In een bedrijf waar werknemers zich casual kleden, is het verstandig om die stijl te volgen. Dat geldt ook voor visitekaartjes. In een van de grote kantoorwijken in Brussel zijn schuin tegenover elkaar de kantoren van twee van onze klanten. Beide zijn technische bedrijven. In één ervan zijn titels van groot belang. Het maakt heel wat uit of je op je visitekaartje 'ir.' (civiel ingenieur) of 'ing.' (niet-universitair ingenieur) hebt staan of geen van beide. Steek je de straat over, dan is het echt niet handig om met titels te zwaaien. De mentaliteit is er een van 'laat eerst maar eens zien wat je kunt'.

De keuze die je maakt, hangt helemaal af van wat je wilt bereiken. Denk aan de spelregel: spreek de 'taal' van degene van wie je wat wilt krijgen.

Verzorg je morele autoriteit en betrouwbaarheid

In vrijwel elk betoog zul je argumenten gebruiken die niet allemaal even sterk zijn. Doorgaans is het in dat geval goed voor je geloofwaardigheid om eerst de zwakkere argumenten te vermelden, er gelijk op te wijzen dat deze misschien betwistbaar zijn, om vervolgens je sterkste argumentatie naar voren te halen. De boodschap die je hiermee geeft, is dat je sterk genoeg in je schoenen staat om zelf kritisch te zijn ten aanzien van wat je zegt. Je versterkt de geloofwaardigheid van je krachtigste argumenten en bovendien neem je je critici de wind uit de zeilen.

Een paar prachtige commerciële toepassingen van het nut van het geven van tweezijdige boodschappen kennen we allemaal. Avis is een goed voorbeeld, L'Oréal is een ander. Hun slogans hebben twee delen. Eén deel verwijst naar een zwakte of een nadeel dat ze hebben, het volgende deel naar hun kracht. Bij Avis: 'We zijn nummer 2 in de wereld maar we proberen harder.' Bij L'Oréal klinkt het: 'Duur... maar je bent het waard.' De kracht ervan is dat door deze structuur het tweede deel van de boodschap veel geloofwaardiger wordt.

Uiteraard is de beste basis voor geloofwaardigheid de ervaring die we met een groep of een individu in de loop van de tijd hebben opgebouwd. Soms echter hebben we als beïnvloeder niet de kans om vooraf een stevige relatie met onze doelgroep op te bouwen en moet het ter plaatse gebeuren. Hier zijn een paar dingen die je in dat geval kunt doen:

- Maak duidelijk dat het je er niet om te doen is om attitudes van anderen te veranderen voor je eigen voordeel. Zeg wel dat het je erom te doen is de belangen van je doelgroep te dienen door hun nauwkeurige informatie te geven over de kwesties die op dat moment spelen, zodat ze met kennis van zaken keuzes kunnen maken.
- Structureer je communicatie zo dat je eerst vertelt dat je vroeger een andere mening over de kwestie had en waarom dit was. Vertel vervolgens wat je aan het twijfelen heeft gebracht en hoe je precies van mening bent veranderd om dan pas te zeggen wat je nu vindt en welke baat je daarbij hebt gevonden. Dit is een goede manier van werken, zeker wanneer je weet dat je doelgroep niet gunstig staat tegenover je boodschap. Door deze structuur te volgen laat je hen toe om voor zichzelf de weg vrij te maken om zelf van idee te veranderen.

Van een heel andere orde is het winnen van moreel gezag door vrijwillig taken op je te nemen die door de meeste anderen niet graag worden opgepakt. Elk van ons kent wel de situatie waarin wordt gevraagd wie dit of dat klusje wil opknappen, waarop vervolgens iedereen zo nodig iets in zijn aktetas moet zoeken tot er zich een goede ziel meldt die het wel wil doen.

Het verhaal gaat dat Stalin deze tactiek gebruikte om aan zijn machtsbasis te werken. Niemand in zijn omgeving wenste de kleine, praktische dingen op te pakken. Stalin deed het wel en wel zo vaak dat na enige tijd niemand nog kennis had van een groot aantal praktische dingen en ze daarvoor afhankelijk werden van hem.

Morele autoriteit en geloofwaardigheid blijken met nog drie kenmerken samen te gaan. We respecteren de mening van anderen (en zijn ook bereid om ons erdoor te laten beïnvloeden) wanneer we hun een hoge mate van integriteit toekennen (zie boven). Het maakt ook uit of we iemand discreet vinden: wanneer ze geen dingen doorvertellen die ze niet horen door te vertellen. Merkwaardig genoeg draagt geringe beschikbaarheid bij tot geloofwaardigheid. De impliciete redenering hierbij blijkt te zijn dat wanneer iemand veel tijd heeft, er wellicht niet veel beroep op hem wordt gedaan en dat de reden wel zal zijn dat hij ook niet bijzonder veel te vertellen heeft.

Huur autoriteit in

Je kunt een betoog kracht bijzetten door erin te verwijzen naar erkende experts of andere referentiepersonen die je doelgroep kent en waardeert. We weten allemaal dat het voldoende is om naast een citaat de naam van Einstein te vermelden om er zeker van te zijn dat in elk geval op dat punt geen kritiek meer komt. Toch wel grappig om te weten dat er momenteel door een telecombedrijf een grote campagne wordt gevoerd met als motto: 'Einstein zou deze formule gekozen hebben.'

Wat delicater, maar bij verstandig gebruik bijzonder effectief, is het in het CC-vakje van je e-mails vermelden van autoriteitsfiguren en het hanteren van *name dropping*. Bij de laatste techniek laat je zogenaamd op een onbewaakt moment vallen dat je op goede voet staat met een of andere autoriteitsfiguur. Bijvoorbeeld: 'Ik had het hier trouwens nog recent over met X.'

Bij beide technieken is voorzichtigheid geboden. Als je ze echt als een systeem gaat gebruiken, werken ze eerder tegen je. Als je ze af en toe gebruikt en enkel bij onderwerpen die het echt waard zijn, zullen ze je qua effect nooit teleurstellen. De aandeelhouderanalyse waarover we eerder hebben gesproken, is een goed hulpmiddel om te bepalen naar welke autoriteit je kunt verwijzen. Een deel van die analyse gaat er namelijk over dat je je afvraagt welke stakeholders op welke anderen invloed hebben.

Gelukkig voor mij en mijn vakgenoten worden ook externe consultants ingezet voor hetzelfde doel. Het gaat dan om de vreemde ogen die dwingen. Niet zo'n slechte deal, vind ik zelf, omdat het er vaak op neerkomt dat wij betaald worden om dingen te zeggen die de organisatie eigenlijk allang weet.

Een andere manier van het 'inhuren' van autoriteit is om je te associëren met autoriteitsfiguren of met het succes van anderen.
Een restauranteigenaar bij wie ik met een gezelschap te gast was, vertelde onder andere: 'Ik heb vroeger in Soestdijk gewerkt, bij Spijker, bij...' zonder dat hij hoefde te specificeren wat hij zelf aan het succes van dat bedrijf heeft bijgedragen.

Een ander aspect: een autoriteit voor je karretje spannen.
Joerie leidde een clubje ingenieurs. Er werd hem gevraagd om een bijkomende taak op zich te nemen. Hij vond dit helemaal geen goed idee en had ook een heel duidelijke reden waarom. Op de beslissende vergadering bracht hij vijf sterke redenen naar voren waarom hij de taak liever niet wilde hebben en één vrij zwakke. Wat te vrezen viel gebeurde. Hij werd op het zwakke argument aangevallen en onderuitgehaald. Besluit van de vergadering: Joerie kreeg de opdracht om de taak toch uit te voeren. Het kostte hem drie maanden om die beslissing te laten terugdraaien. Achteraf was het ook voor hem duidelijk dat hij zich de ellende had kunnen besparen door vooraf kort even de twee sleutelfiguren uit die vergadering aan te klampen om zijn argumenten toe te lichten. Maar ja, hij was zo zeker van zijn zaak...

Nog een laatste manier om externe autoriteit in je voordeel te gebruiken. Het is vaak sterk om in een betoog te refereren aan algemeen erkende topexperts. Doe dit gerust. Als je het nog net iets sterker wilt maken, zorg dan dat je het artikel of de publicatie met het punt dat je wilt maken bij je hebt en kunt tonen.

7.2.5 De toepassingen op een rijtje gezet

1. Vermeld je kwalificaties op voorhand of laat ze geven door een derde persoon.
2. Maak je argumentatie tweezijdig. Begin met de potentiële nadelen van je voorstel en heb het pas nadien over de sterke kanten.
3. Maak gebruik van audits of externe consultancy om je nota aanvaard te krijgen.
4. Citeer experts of referentiepersonen die bij een breed publiek bekend zijn.
5. Maak gebruik van *name dropping*.
6. Neem als vrijwilliger taken op je die de meeste andere groepsleden vervelend vinden.
7. Voor zover het bij de cultuur van je bedrijf past, gebruik titels en diploma's.
8. Zet autoriteitsfiguren in het CC-vakje van je mails (doe dit in homeopathische dosis).
9. Voor zover het past binnen de cultuur van je bedrijf: kleed je verzorgd en besteed aandacht aan statussymbolen zoals aktetassen en pennen.

Deel III

Beïnvloedingsstrategieën: welk arsenaal staat tot je beschikking?

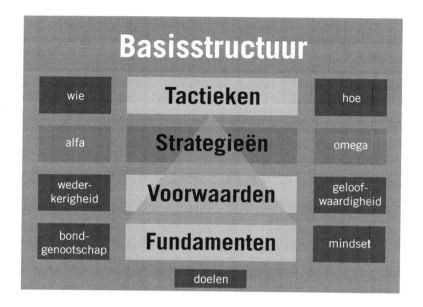

Zoals je wel zult weten bestaan onze hersenen uit een linker- en een rechterhelft, elk met specifieke eigenschappen. De linker hersenhelft huisvest ons analytisch en rationeel vermogen en de rechter hersenhelft onze ruimtelijke en creatieve denkwijze. Afhankelijk van de situatie waarin we ons bevinden, zullen we nu eens de linker dan weer de rechter hersenhelft aanspreken om de zaken te interpreteren en op de voor ons gepaste wijze te handelen.

De bekendste beïnvloedingsstrategieën richten zich tot de rationele linker hersenhelft. De strategieën die de rechter hersenhelft beïnvloeden, zijn minder bekend maar ook een veel grotere hefboom voor beïnvloeding. Daarom behandelen we die laatste categorie in aparte hoofdstukken. Bekijken we eerst het potentieel van de linker hersenhelft.

Onze linker hersenhelft wordt gekenmerkt door rede, logica, analyse, rechtlijnigheid en abstractievermogen. Grammatica, lezen, schrijven en rekenen zijn allemaal vaardigheden die in dit deel zijn ondergebracht. In een bedrijfscontext doen we vaak een beroep op de linker hersenhelft die een belangrijke rol speelt in het volbrengen van onze professionele taken. Als we bij de linker hersenhelft van anderen willen aansluiten, moeten we ons richten op een helder en goed onderbouwd betoog.

Bij beïnvloeding wordt het verhaal van de linker en de rechter hersenhelft vertaald als twee routes die je kunt volgen. De eerste is de *centrale route*. Hierbij is de andere persoon alert, gericht op de inhoud, en bezig met het analyseren van de logica en van de rationele aspecten van onze boodschap (linker hersenhelft).

De tweede weg die je op kunt gaan is die van de *perifere route*. Hierbij is het uitgangspunt dat de inhoud van een boodschap zelden het enige element is dat beslissingen bepaalt. Er spelen ook automatische niet-rationele processen mee, die gelukkig op hun beurt beantwoorden aan specifieke wetmatigheden.

Aangezien (hopelijk en gelukkig maar) op elk moment ons hele stel hersenen actief is, kun je beide routes niet echt scheiden. Je kunt ze hooguit onderscheiden. Je zult de krachtigste impact hebben wanneer je strategieën gebruikt die aan beide processen appelleren.

Het bewandelen van de centrale route is voor het overgrote deel van jullie absoluut bekend terrein. Laten we daarom een aantal elementen nog even opfrissen, voordat we er dieper op ingaan. Waar we wel uitvoerig bij stil zullen staan, zijn technieken die passen bij de perifere route.

8 Handvatten om de rationeel denkende kant van je doelgroep te beïnvloeden

8.1 Structureren van boodschappen

Een gehoor zal nooit alle informatie van je uiteenzetting opnemen. Het is belangrijk vooraf na te denken over wat je wilt dat bij hen blijft hangen. Hierbij is de kennis van een aantal wetmatigheden belangrijk.

Een eerste spontaan optredend effect is het zogenaamde *begin-* en *eindeffect*. Wat aan het begin en het einde van een boodschap komt, onthoudt men beter dan alles wat ertussenin komt. De redacteuren van televisie- en radiojournaals kennen dit zeer goed. Daarom beginnen en eindigen ze met de hoofdpunten. Het is de redacteur die vooraf heeft beslist wat hij wil dat mensen zich blijven herinneren.

Het is doorgaans heel nuttig om deze structuur bij presentaties te respecteren. Begin met in één zin de essentie van je boodschap neer te leggen. Geef vervolgens aan hoe je ertoe bent gekomen en eindig nogmaals met de kernboodschap. Al te vaak verknoeien we het begineffect door als start uitgebreid stil te staan bij de structuur van wat er zal volgen. Misschien was dit een goede werkwijze op school, maar in een professionele omgeving waar de aandacht van toehoorders vaak beperkt is, mis je zo een kans.

Als je presentatie langer duurt dan twintig minuten, kun je het begin- en eindeffect meerdere keren gebruiken, telkens wanneer je een nieuw thema aansnijdt. Na ongeveer twintig minuten verlies je de aandacht van de meeste toehoorders.

Om het begin- en eindeffect optimaal te gebruiken, is het daarom cruciaal beide onderwerpen duidelijk af te bakenen. Je kondigt aan dat je nog een laatste element van het eerste thema zult bespreken om dan over te gaan op een volgend onderdeel. Je kunt ook na het afsluiten van een eerste onderwerp het publiek vragen of alles duidelijk is, zodat je met iets anders kunt beginnen. Of als je met PowerPointpresentaties werkt, kun je je thema's afbakenen met een visuele *slide*. Een volgend hoofdstuk aankondigen kan ten slotte ook via een retorische vraag. Vragen zijn op zich heel sterke aandachtstrekkers. Elk van ons heeft een ingebakken reflex om bij het horen van een vraag op zoek te gaan naar een antwoord. Hierdoor creëren we zelf een aandachtspiek. Op die manier markeer je bij je publiek de verschillende onderdelen en bereidt het zich psychologisch voor op de volgende stap in je presentatie.

Naast het begin- en eindeffect kun je aandacht trekken door *contrast* aan te brengen. Elk element dat wordt aangebracht op een manier die verschilt met wat voorafging of wat volgt, zal daardoor automatisch meer aandacht krijgen. Tijdens een slideshow met PowerPoint voeg je bijvoorbeeld een beeld in of je wisselt de feiten af met beeldspraak of een ongewone vergelijking. Het vertellen van een anekdote heeft vaak hetzelfde effect, zeker als die gaat over iemand die je gehoor goed kent of iemand die het belangrijk vindt, zoals een concurrent. Bij contrast hoort ook hoe je kunt spelen met je eigen positie in de ruimte. Als je tot dan toe vooraan in een zaal stond, vlak bij je pc, kun je op een bepaald moment de zaal in wandelen ofwel achter de toehoorders gaan staan en samen met hen naar het scherm kijken. Om hetzelfde effect te bereiken verplaatst mijn collega Adri soms zijn flip-over.

Ook *herhaling* heeft automatisch effect mits je er zuinig mee omspringt en je variatie aanbrengt in de formulering van wat je herhaalt. Te letterlijke herhaling kan een averechts effect hebben.

Het meest voor de hand liggende en bijzonder krachtige mechanisme is de gestructureerde *opbouw* van je verhaal. Hang je boodschap op aan niet meer dan drie vragen zoals: hoe is de situatie nu, wat missen we hierdoor en wat moeten we gaan doen?

Het gebruik van elk van deze technieken vraagt een analyse vooraf. Vraag je altijd af wat de paar dingen zijn waarvan je wilt dat je publiek ze onthoudt. Die dingen geef je een speciale behandeling via bovenstaande technieken. Een manier om tot de essentie van je boodschap te komen is de zogenaamde *elevator pitch*. Hierbij stel je je voor dat je niet meer tijd hebt om aan iemand een boodschap over te brengen dan de tijd die het kost om met een lift vanaf de begane grond naar pakweg de tiende verdieping te gaan. Wat vertel je dan?

Wees je ervan bewust dat je bij een dergelijke oefening over je eigen weerstand heen zult moeten stappen. Je weet immers drommels goed dat het onderwerp veel te ingewikkeld is om in een paar zinnen neer te zetten. Dit is een zeer lovenswaardige gedachte die echter vooral relevant is voor jezelf. Zeker als je gehoor bestaat uit leden van het senior management, helpt de volgende stelregel: 'Probeer niet te bewijzen hoe goed je je vak wel verstaat, maar bewijs hoe goed je *hun* vak verstaat.' Dit helpt je ook om je voor te bereiden op de doorgaans bijzonder vervelende situatie dat je bij het begin van je presentatie wordt verteld dat je niet langer de tijd hebt dan een kwart van wat je zelf had gedacht. De enige mogelijkheid om dan adequaat te reageren is enkel de essentiële punten te noemen. Dit red je niet als je de selectie ervan ter plaatse nog moet maken.

Naast deze formele regels blijven de inhoud en de kwaliteit van de *argumenten* natuurlijk het allerbelangrijkste. Onderzoek leert dat de boodschap aan overtuigingskracht wint als er meer argumenten worden gebruikt. Er is echter ook een valkuil. Zeker als we veel kennis van zaken hebben, zijn we geneigd om alle mogelijke argumenten ook te berde te brengen. Als we niet uitkijken, sluipen er dan makkelijk een paar in die niet zo sterk zijn. Gevaar! De kans is groot dat alle aandacht van je publiek gaat naar je zwakke argumenten en dat het geheel van je boodschap daar sterk onder lijdt. Het is beter vier sterke argumenten te gebruiken dan acht waarvan er twee discutabel zijn.

Een ander belangrijk gegeven in het gebruik van argumenten is de balans tussen pro en contra. Zeker voor een publiek met kennis van zaken is het geen goed idee om alleen de voordelen van je voorstel te belichten en hoe geweldig die wel zijn. Als je eenzijdig de loftrompet steekt, zullen mensen die weten waarover je het hebt, spontaan denken aan de nadelen. Het is beter hen daarin voor te zijn door de potentiële nadelen van je voorstel zelf aan te halen en die vervolgens te weerleggen. Doe je dat niet, dan kun je hooguit de weerstand tijdens je presentatie onderdrukken, maar je hebt geen controle over wat zich nadien afspeelt. Als tegenstanders dan kritiek uiten over je voorstel in jouw afwezigheid, kun je hen niet van repliek dienen of jouw visie verdedigen.

Doorgaans worden mensen meer gemotiveerd door het vermijden van nadelen dan door het binnenhalen van voordelen. De angst voor iets negatiefs is sterker dan het verlangen naar iets positiefs. Dit heeft als gevolg dat je boodschap krachtiger wordt als je duidelijk laat zien wat je publiek zal *missen* als het niet op je voorstel ingaat of je idee accepteert.

Een voorbeeld: in een bedrijf dat zich zoals vele andere voorbereidde op de mogelijke technische problemen bij de overgang naar het jaar 2000, gebruikte de projectleider deze techniek. Als voorbereiding op haar presentatie waarin ze de medewerkers bewust wilde maken van het belang van haar project, had ze een simulatie opgezet waarbij ze de betrokkenen aan den lijve liet ondervinden wat er allemaal fout zou kunnen lopen. Op weg naar de vergaderzaal bleek de lift niet te werken, de elektriciteit viel uit, enzovoort. Door alle gevaren tastbaar te maken, maakte ze hen bewust van wat op het spel stond en maakte ze angst los.

Als je een dergelijke techniek toepast, is het wel cruciaal dat je ook een oplossing voor het probleem aanbiedt. Laat je dit na, dan is de kans groot dat mensen de potentiële problemen verdringen doordat alleen hun machteloosheid wordt versterkt. Hoe belangrijk die ook is, de boodschap dreigt dan de mist in te gaan. Ongetwijfeld heb je zelf ook al wel het verband gelegd met de manier waarop verzekeringsmaatschappijen mensen ertoe aanzetten zich voor van alles en nog wat te verzekeren.

8.2 Zo gebruik je analogieën en anekdotes

Een beeldrijke taal legt de brug tussen de centrale route en de perifere route en is daarom uiterst krachtig, ook in de context van een puur zakelijk betoog.

> Op het Proces van Neurenberg werden de nazikopstukken berecht. De openbare aanklager was Robert Jackson. Hij realiseerde zich dat, hoe indrukwekkend het aantal nazislachtoffers ook was, cijfers alleen toch te weinig impact zouden hebben. Hij verkoos in zijn eindrequisitoir een andere strategie. Vanaf het begin van de zitting van die dag stond vooraan in de zaal iets onder een wit laken. Iedereen in de rechtszaal moet dit vanaf het begin hebben gezien. De aanklager zei er geen woord over. Tot op het eind van zijn betoog. Toen liet hij het laken weghalen. Wat de aanwezigen zagen was het hoofd van een mens dat gevonden was op het bureau van een van de beklaagden. Men had het laten verschrompelen en geconserveerd. Het werd op het bureau van het nazikopstuk in kwestie gebruikt als presse-papier. Door dit ene slachtoffer zo aanschouwelijk te maken creëerde de openbare aanklager veel meer impact dan met het noemen van de astronomische cijfers van het aantal slachtoffers. Dat is de kracht van de anekdotiek.

Nog meer uit de gerechtelijke sfeer.

> Enige tijd geleden was er in België heel wat te doen om de zogenaamde sms-moord. Het ging om een meisje van zestien jaar dat door haar stiefmoeder en diens zoon was vermoord. Het meisje kon tijdens haar doodsstrijd nog een sms'je sturen naar haar vader, maar het berichtje kwam te laat.
> Jef Vermassen was in deze zaak de advocaat van de familie van het slachtoffer. De verdediging van de verdachte had het tot dan toe zo gespeeld dat de een de schuld gaf aan de ander en vice versa. Het was Vermassen erom te doen dat beide daders even schuldig zouden worden bevonden. Je moet je wel realiseren dat moordzaken in België berecht worden door een volksjury van twaalf gezworenen en niet door een hof van beroepsrechters zoals dat in Nederland het geval is.

> Dit betekent dat de potentiële impact van een advocaat wellicht groter is in België dan in Nederland.
> In zijn pleidooi vergeleek Vermassen het daderduo met een tandem waarbij nu eens de ene persoon de wind vangt en dan weer de andere, maar waarbij het de samenwerking tussen beiden is die ervoor zorgt dat de tandem vooruit gaat. Door het beeld van een tandem te gebruiken was de impact veel groter dan wanneer hij een puur juridische redenering had afgestoken. Een beeld hou je immers veel gemakkelijker vast dan een redenering.

Even naar een professionele omgeving.

> Arno is een verkoopmanager die van zijn managementteam de goedkeuring wil voor het massaal lanceren van een product. Dat gaat niet makkelijk. Met name één persoon van het team ligt dwars. In plaats van diegene nogmaals met zijn argumentatie te bestoken gooit Arno het over een andere boeg. Hij regelt een bedrijfsbezoek van de manager bij een klant die het product al gebruikt. Hierdoor ziet hij met zijn eigen ogen de relevantie ervan en hoort hij een gelijkluidend verhaal, niet van Arno maar rechtstreeks van de gebruiker. Reken maar dat hij 'om' was.

Je kunt dit principe rustig veralgemenen. In plaats van alleen rapporten te maken over je voorstel, breng je beter een prototype of een klant fysiek mee naar de vergadering waarop erover wordt beslist.

Ik kan je het volgende toch ook niet onthouden. Het is een manier waarop mijn vriend Thomas anekdotes gebruikte om uit de doeken te doen hoe belangrijk hij wel was. Het thema 'autoriteit' van hierboven, weet je wel.

> Hij nam een tijd geleden in Harvard deel aan een langdurig managementprogramma voor Chinese senior managers. Alle deelnemers waren mensen met een profit- en loss-verantwoordelijkheid op het niveau van CEO of tweede in lijn in een Chinees staatsbedrijf. Geen staffunctionarissen en geen productieverantwoordelijken.

Thomas zelf was HR-manager. De boodschap die hij mij wilde geven, was hoe uitzonderlijk het eigenlijk was dat hij vanuit zijn positie tot dit programma werd toegelaten. Hij vertelde hoe hij naar de decaan van het programma ging en hem vroeg: 'Waarom ben ik eigenlijk toegelaten als personeelsverantwoordelijke?' En dat de decaan zei: 'Ho maar, Thomas, we hebben wel gezien dat je in je vorige carrière ruime zakelijke ervaring hebt opgedaan als general manager, dat je aan uitstekende Europese universiteiten hebt gestudeerd, dat je een MBA hebt, enzovoort. We zien je dus niet zozeer als HR-man.'

Om zijn verhaal nog kracht bij te zetten vertelde hij mij ook nog welke Harvardcoryfeeën er waren opgetreden, wie de deelnemers waren en hoe belangrijk de bedrijven die ze vertegenwoordigen, en ook dat dit het eerste programma was dat Harvard voor China opzette. Dat verklaarde meteen waarom zowel de professoren als de deelnemers zo zorgvuldig waren geselecteerd. Hij vertelde mij dit allemaal als vriend, maar ik bleef toch een consultant voor zijn bedrijf en ik kan niet ontkennen dat mijn ontzag voor hem (en dus ook de moeite die ik bereid was voor hem te doen) steeg.

8.3 De toepassingen op een rijtje gezet

1. Begin en eindig je verhaal met je belangrijkste boodschap.
2. Gebruik een heldere structuur.
3. Bewijs je argumenten met voorbeelden en niet enkel met cijfers.
4. Geef je argumenten tweezijdig: de voordelen van jouw positie plus de nadelen van de tegenpositie.
5. Hoe meer stevige bewijzen, hoe overtuigender je boodschap zal zijn, maar:
6. Beter een klein aantal sterke argumenten dan het volledige arsenaal waarvan er één of twee twijfelachtig zijn.
7. Laat de volgorde van belangrijkheid van je punten afhangen van wat je publiek daarover denkt.
8. Gebruik herhaling maar spring er zuinig mee om. Door hetzelfde te zeggen op een andere manier kun je vaker dingen herhalen zonder negatieve bijeffecten.

9. (Retorische) vragen stellen scherpt de aandacht.
10. Appelleren aan angst maakt je boodschap relevanter, mits je er ook de uitwegen bij vermeldt.

8.4 Overtuigen van het senior management

Het is natuurlijk niet zo dat senior managers een aparte volksstam zijn. Aan hen presenteren heeft wel een aantal bijzondere kanten waarvan het nuttig kan zijn om ze even te overwegen.

Doorgaans zijn ze niet op die positie beland omdat ze lijden aan een te klein ego. Je zult dit dan ook tegen elke prijs zo moeten laten. Hoewel dit van bedrijf tot bedrijf verschilt, worden niet alle leden van het senior management gehinderd door beleefdheidsregels. Je kunt je hier maar beter op voorbereiden.

Extreem hoge tijdsdruk is bij deze mensen vrijwel altijd aan de orde. Daardoor zijn ze ook uiterst zuinig op hun tijd.

Ten slotte zijn de onderwerpen die je met hen bespreekt per definitie geen kleinigheden. Er staat altijd veel op het spel en vaak heb je maar één kans.

Hier is het belangrijkste principe.

> Toon aan:
> NIET: dat je je werk begrijpt
> WEL: dat je hun werk begrijpt

Dit is eigenlijk niets anders dan het refreintje dat we al een aantal keren hebben gezongen: verdiep je in wat voor je publiek belangrijk is en sluit daar allereerst bij aan. Of: ga er niet van uit dat wat voor jou belangrijk is, dit per definitie ook belangrijk is voor de ander.

Hoe meer je over expertise beschikt, des te sterker je geneigd zult zijn om die te etaleren. Val er senior managers niet mee lastig. Zorg dat je alle technische gegevens bij de hand hebt, maar toon ze alleen als je erom gevraagd wordt. Hieronder een reeks tips die je eigenlijk bij elke argumentatie kunt gebruiken maar die misschien nog extra belangrijk zijn als je met het directieniveau te maken hebt.

1. Vraag je af wat je hoofdboodschap is (als je maximaal drie minuten kreeg, wat zou je dan in elk geval willen zeggen?).
2. Waarom is deze boodschap betekenisvol voor je publiek? Zet dit op je eerste slide. Illustreer dat indien mogelijk met enkele cijfers.
3. Start je presentatie met je hoofdboodschap (maximaal drie slides). Beargumenteer je centrale stelling met pakweg vijf stevige argumenten. Zet eventueel naast elk argument een link naar een verdere uitgewerkte argumentatie (met een doorklik).
4. Gebruik als vuistregel nooit meer dan vijftien slides.
5. Besteed slechts enkele seconden aan het vooraf doornemen van de structuur van je presentatie.
6. Eindig je presentatie met een duidelijke vraag: wat verwacht ik van jullie? Voorbeeld: groen licht.
7. Als je tijdens de vergadering een beslissing wilt krijgen, stuur dan de informatie vooraf door en vermeld erbij waarom je verwacht dat ze dit zullen doorlezen. Doe dit gerust in een Word-document van een paar pagina's.
8. Zorg dat je elk van je sleutelargumenten kunt aantonen met betrouwbaar cijfermateriaal. Geef echter alleen cijfers als ernaar gevraagd wordt.
9. Werk bij voorkeur volgens een klassieke basisstructuur en geef deze weer op één slide. Voorbeeld:
    - Vraag
    - Antwoord (wat)
    - Hoe + waarom
10. Verplicht je publiek om een standpunt in te nemen (toets vooraf of de tijd hiervoor rijp is). Zorg dat je vooraf voldoende mensen aan je kant hebt – doe aan pre-selling, tenzij dit tegen de cultuur van je bedrijf ingaat.
11. Geef aan dat je de gemaakte afspraken zelf zult opvolgen: 'Als u het goed vindt, kom ik volgende week bij u terug voor de volgende stap.'

12. Verveel je publiek niet met onderwerpen die enkel 'ter informatie' zijn. Doe je dit toch, dan kun je er donder op zeggen dat er collectief gesms't, geplast en gegeten wordt.
13. Volg de dresscode. Deze kom je niet te weten door ernaar te vragen. Dan krijg je geheid het politiek wenselijke antwoord: 'Kleding is niet belangrijk, het gaat om de inhoud.' Vergeet het. Kijk hoe de leden van een directie zelf gekleed zijn. Dat geeft je de feitelijke dresscode.

9 Alfastrategieën: hoe maak je je boodschap extra aantrekkelijk?

Laten we nu het veel minder bekende pad opgaan van de *perifere route*. Als ik het allemaal wat oneerbiedig en chargerend stel, gaat dit over de vraag: 'Op welke knoppen kunnen we drukken zodat iemand automatisch *ja* zegt zonder er verder veel bij na te denken?' Het lijkt allemaal wat magisch en ongrijpbaar want het gebeurt onbewust. Het mooie is echter dat deze processen heel voorspelbare wetmatigheden volgen. Om het mooi te zeggen: hoe kunnen we de rationaliteit van het irrationele ontrafelen en vervolgens in ons voordeel (en hopelijk ook in dat van de anderen) gebruiken?

Laat er geen misverstand over bestaan hoe belangrijk deze processen zijn.

Bij onderzoekers in de experimentele sociale psychologie leeft de overtuiging dat van alle handelingen die een mens uitvoert ten aanzien van anderen, slechts 5 procent voortkomt uit bewuste reflectie en beslissingen. Voor alle andere handelingen schakelen we onze automatische piloot in. Uiteraard betekent dit niet dat de povere 5 procent irrelevant zou zijn voor ons functioneren. Dat een auto meestal rechtdoor rijdt, wil niet zeggen dat een stuur een overbodig attribuut is.

Toenadering en vermijding
De beïnvloedingsstrategieën die we zullen bespreken, hangen we op aan een model dat ons wordt aangereikt door Kurt Lewin, een van de grootste sociaal psychologen.

Lewin beschouwt het gedrag van mensen als het resultaat van twee tegengestelde krachten. Eén ervan noemt hij 'toenaderingskracht', de andere 'vermijdingskracht'. Hij licht dit model toe met het volgende beeld. Stel je een kind voor dat op het strand met een bal speelt. Plots belandt de bal in zee. Het kind gaat erachteraan, het water in, maar dan komt er een golf die het kind doet terugdeinzen. De golf trekt terug, het kind gaat opnieuw achter de bal aan. Het is een spel tussen toenadering en verwijdering.

Omdat alles wat belangrijk is in ons leven vaak twee kanten heeft, namelijk een potentieel voordeel en een potentieel nadeel, zullen we altijd een dubbel gevoel hebben. We willen het voordeel binnenhalen, maar de nadelen vermijden.

Mijn zoon wil een huis kopen en na lang zoeken heeft hij zijn droomhuis gevonden. Nu verkeert hij in twijfel. Hij weet hoeveel het huis kost en weet wat dat betekent voor het aflossingsbedrag van de hypotheek. Enerzijds ziet hij het droomhuis, anderzijds zit hij aan de limiet van wat hij kan lenen. Hij wil het huis, maar niet het risico dat hij zijn hypotheek niet kan afbetalen. Welk element weegt zwaarder en geeft de doorslag? Dat is het basismodel waarmee we allemaal te maken hebben, namelijk toenadering zoeken tot de voordelen en vermijden van de nadelen.

Op basis van dit model stelt Eric Knowles van de universiteit van Arkansas voor om de beïnvloedingsstrategieën in twee families te verdelen. De eerste familie noemt hij de alfastrategieën. Deze strategieën versterken de toenaderingskracht en maken de bereidheid om ja te zeggen groter. De tweede familie vormen de omegastrategieën. Zij zijn erop gericht de 'vermijdingskracht' te verminderen of de weerstand tegen een idee of voorstel te doen afnemen. Wanneer je angst wegneemt, zal de ander meer geneigd zijn om mee te gaan in je verhaal.

Als je gericht wilt beïnvloeden, zul je een keuze maken tussen één van beide families van strategieën. We zullen later aangeven welke keuze je het best kunt maken in welke situatie. De keuze zal verschillend zijn per aandeelhouder.

Een van de variabelen die je zult moeten afwegen, is 'de aard van het beestje'. Sommige mensen zijn van nature geneigd om de voordelen van een situatie te zien, anderen zien onmiddellijk de potentiële risico's.

Het is interessant dat het conflict tussen toenadering en vermijding ook in ons lichaam terug te vinden is. Onderzoekers stelden vast dat er twee neurologische circuits in onze hersenen werkzaam zijn, elk met hun eigen neurochemie. Het ene circuit, BAS (*behavioural acti-*

vation system), stimuleert gedrag en reageert op prikkels van beloning. Het BIS (*behavioural inhibition system*) werkt remmend en reageert op elementen van bestraffing. Als je voor een keuze staat, worden beide circuits gelijktijdig geprikkeld. De sterkste prikkel bepaalt wat je uiteindelijk zult doen. Het verlangen naar een droomhuis en de angst om de lening niet te kunnen betalen, prikkelen gelijktijdig. Als de toenadering groter is dan de vermijding, zal mijn zoon het huis kopen. Op het moment dat hij de overeenkomst tekent, zal hij heel blij zijn, maar wellicht zal ook de angst toeslaan. Wat hij ook beslist, er blijft altijd iets hangen van de andere keuzemogelijkheid. Als hij het huis niet koopt omdat het risico te groot is, zal hij ongetwijfeld bang zijn nooit meer zo'n mooi huis te vinden.

Zowel alfastrategieën als omegastrategieën appelleren aan automatische en dus niet-rationele reactiepatronen. Een analyse van beide families geeft ons inzicht in de wetmatigheden van irrationaliteit, namelijk in welke situaties we geneigd zijn ja te zeggen zonder er verder over na te denken. Als we de mechanismen kennen, vergroten we onze keuzemogelijkheden, zowel van de 'ontvangende' kant (al of niet ingaan op het appel van de situatie) als van de 'actieve kant'. We krijgen een aantal uiterst krachtige sleutels in handen om ideeën die we waardevol vinden ook te accepteren.

9.1 Nogmaals, voor wat hoort wat: hoe appelleer je aan wederkerigheid?

In de sociale psychologie is er een mechanisme bekend dat 'DIF' heet: *door in face*. Het uitgangspunt bij onderzoek naar dit principe is of er een verschil bestaat in uitkomst tussen:
a) een rechtstreeks verzoek doen, en
b) hetzelfde verzoek doen, nadat je eerst iets anders hebt gevraagd wat zo groot is dat het vrijwel zeker afgewezen wordt.
Voordat het allemaal te abstract wordt:
   Stel je een reeks straatinterviews voor. Het verzoek dat je doet aan de personen die je aanspreekt is: 'Bent u bereid om een groep jeugdige

delinquenten te begeleiden tijdens een dagje uit naar de dierentuin?' Je zult altijd wel mensen vinden die gek genoeg zijn om ja te zeggen. In één gecontroleerd experiment bedroeg dit aantal 17 procent. Daarnaast vraag je aan een andere groep mensen eerst of ze bereid zijn om een groep jeugdige delinquenten om de twee weken een dag mee uit te nemen gedurende pakweg een heel jaar. Als ze je dan ofwel verward aankijken dan wel informeren naar je geestelijke gezondheid, vraag je hun vervolgens: 'Als dit niet kan, bent u dan bereid om een groep jeugdige delinquenten te begeleiden tijdens een dagje uit naar de dierentuin?'

Raad eens? Driemaal zo veel mensen gaan nu in op het verzoek.

Een van de leuke dingen in wetenschappelijke literatuur is dat er snel discussies ontstaan rond uitkomsten van onderzoek. In dit geval was een van de aanmerkingen die werden gemaakt dat het vorige onderzoekje eigenlijk heel weinig aantoonde, behalve dat mensen driemaal meer bereid waren om ja te zeggen. Waar het echt op aankomt, is natuurlijk niet zozeer dat ze ja zeggen, maar dat ze ook echt komen opdagen. Dus werd een tweede experiment opgetuigd. De vraag was soortgelijk en zo was ook de reactie. Driemaal meer mensen antwoorden ja op de kritische vraag. Men ging echter een stap verder en onderzocht hoeveel mensen van de ja-zeggers ook werkelijk kwamen opdagen, en dit in beide situaties. Fascinerend. Van de groep die onmiddellijk ja had gezegd, kwam 50 procent opdagen, terwijl van de groep die de twee vragen had gekregen en toen ja had gezegd, er 85 procent kwam opdagen. Nog was men niet tevreden. Men kon er misschien één maal intuinen, maar zeker geen tweede maal. Kortom, hoeveel van de personen die echt kwamen opdagen, zouden zich bereid verklaren om een tweede maal mee te werken? Verbazing alom: in de DIF-groep lag het aantal twee keer zo hoog als in de andere.

Uit vervolgonderzoek weten we dat dit mechanisme altijd werkt, behalve wanneer het eerste verzoek wordt beschouwd als totaal onredelijk. Kennelijk werden de verzoeken die we hierboven hebben beschreven niet eens als onredelijk beschouwd.

Ik weet dat het hanteren van een DIF-techniek in het begin vaak ongemakkelijk aanvoelt. Omdat je de techniek zelf bewust hanteert, ben je bang dat het zo doorzichtig is, dat je het deksel op de neus krijgt en je geloofwaardigheid verliest. Daarom is het zo goed om kwantitatieve gegevens te hebben. Die kunnen een tegenwind bieden tegen angst en ongemak. Echter, als je van deze techniek een systeem zou maken en hem binnen dezelfde groep systematisch zou gebruiken, kan hij zich wél tegen je keren.

Stel, je bent projectleider en je vraagt systematisch en altijd meer middelen dan je werkelijk nodig hebt. Wanneer je eenmaal die reputatie hebt, worden je verzoeken, hoe realistisch ze nadien ook worden, niet meer serieus genomen. Gebruik deze techniek dus voorzichtig en alleen wanneer er iets op het spel staat wat echt belangrijk genoeg is om alle zeilen bij te zetten.

Nog een paar opmerkingen. Het DIF-verhaal toont duidelijk aan dat degene die bij het mechanisme van wederkerigheid (in dit geval wederkerigheid in het toegeven) de eerste zet doet, altijd wint. Ofwel krijg je op je initiële vraag al onmiddellijk een ja en dat is mooi meegenomen. Ofwel krijg je eerst een nee, maar heb je een tweede verzoek achter de hand waarbij je de kans op een ja verdrievoudigt. Ten slotte gaan we nog even terug naar de analogie met de visser in het eerste deel van dit boek. Als je uit vissen gaat, om vis te vangen, gebruik dan een techniek die daarbij helpt. Als je enkel gaat vissen om tot rust te komen, doet het er niet toe wat je aan je haak hangt. Je moet wel weten waarom het je te doen is en aan de hand daarvan je strategie bepalen. Als je doel belangrijk genoeg is, kunnen dergelijke technieken je helpen om dat doel te bereiken.

9.1.1 Zo doe je het praktisch
Geef als eerste...
Wat je zoal kunt geven als 'onderhandelingsgeld' zal ondertussen wel duidelijk zijn. Als je de lijst van hierboven nog extra wilt indikken, zijn de meest waardevolle – want schaarse – dingen in de eerste plaats 'tijd', daarna 'informatie' en vervolgens 'relaties'.

Als je weet dat iemand met een bepaald onderwerp bezig is, en je hebt er toevallig een artikel over, stuur het dan op. Je toont interesse en het feit dat je moeite doet, ziet de ander als een gift. Het is wel belangrijk dat je zelf het initiatief neemt. Als je informatie op aanvraag stuurt, is het effect minder sterk. Toch kun je ook daar nog bijsturen. Hier is een voorbeeld.

Stel, je bent na drie dagen cursus of vakantie terug op kantoor. Het eerste wat je doet, is je mailbox checken. Wat je al gevreesd had, is waar: hij puilt uit. Je weet wat je te doen staat en begint er dapper aan. Na vijf minuten krijg je een telefoontje van iemand die je misschien niet eens goed kent. De persoon in kwestie heeft die middag een presentatie voor de directie en heeft informatie nodig waarvan hij weet dat jij die wellicht in huis hebt. Qua timing verdient een dergelijk verzoek niet meteen de Gouden Palm, maar je bent in een goede bui en gaat op het verzoek in. Je geeft dus niet alleen informatie maar ook tijd aan de ander. De volgende dag krijg je opnieuw dezelfde persoon aan de lijn die je bedankt voor je hulp. Precies over het onderwerp waarover jij hem informatie hebt bezorgd, kwamen de meeste kritische vragen. Op dat moment kun je cool *reageren met een 'geen probleem' of 'was maar een kleine moeite'. Je kunt daar echter ook aan toevoegen '... en weet je, in mijn plaats zou je zeker hetzelfde gedaan hebben'. Het vergt een minimum aan inspanning, maar je drukt op de knop 'wederkerigheid'. Je kunt er nog maanden plezier van hebben.*

Jo Colruyt is iemand die binnen één generatie een kruidenierszaak liet uitgroeien tot een van de drie grootste distributiebedrijven in België. Hij was een ongelofelijk begaafd mens en een vat vol wijsheid. Een van de dingen die hij soms als richtlijn gaf, was: 'Je mag best cadeaus geven, maar zorg ervoor dat de ander weet dat het een cadeau is.' Een stukje wijsheid van iemand die weet hoe het er écht aan toegaat.

De volgende variant van wederkerigheid pikte ik op van een verkoopmanager in de staalindustrie. Wanneer hij of leden van zijn team in het buitenland klanten gingen bezoeken of met hen gingen onderhandelen, zorgden ze ervoor om de avond voor de eerste bespreking de *klant voor een diner uit te nodigen, in plaats van dit te doen tijdens of na de besprekingen.*

In de wetenschap dat tijd en informatie heel waardevol zijn in een bedrijfsomgeving, lok je een wederkerigheidsreflex uit door een collega informatie door te sturen en erbij te zeggen hoe hij daarmee tijd kan winnen.

Bereid je voor op een weigering
Ook als je verzoek geweigerd wordt, kun je nog creatief omspringen met het wederkerigheidsprincipe. Met een nee als antwoord op je eerste verzoek, weet je dat de deur wagenwijd openstaat voor de acceptatie van je tweede verzoek. Herinner je factor 3. Ook dit is een stukje huiswerk. Wees voorbereid, zodat je je tweede verzoek kunt doen onmiddellijk na de weigering. Als je een uur of langer wacht, is de kritische tijd wellicht voorbij.

Een heel praktisch voorbeeld. Je wilt een gesprek met iemand die een zeer drukke agenda heeft. Je vraagt of ze een uur voor je kan vrijmaken. Als dit niet kan, vraag je of een kwartiertje wél kan. En hup, driemaal meer kans dan wanneer je gelijk een kwartier had gevraagd.

In retailverkoop is het hanteren van de DIF-techniek en het benutten van een nee ook heel geliefd. Er bestaat een techniek die men *talking the top of the line* noemt. Men stelt dan aan een klant het duurste product van een serie als eerste voor en loopt dan het gamma verder af, telkens met een product dat goedkoper is dan het vorige. Bij een dergelijke strategie blijkt de gemiddelde verkoop eens zo hoog te liggen dan wanneer men eerst het goedkoopste product voorstelt en dan telkens naar een duurder overgaat. Ik kreeg deze techniek geïllustreerd door de bedrijfsleider van een handel in consumentenelektronica, die mij vertelde dat ze van het duurste type van een populair product geen voorraad hadden. Dit type was er immers niet om te verkopen, alleen om mee te beginnen.

Een ander voorbeeld van de DIF-techniek waarvan ik getuige was, speelde zich af tijdens een presentatie voor een managementteam. Een medewerker wou vijf actiestappen aan de man brengen. Hij wist dat het gevaar bestond dat wanneer hij alle voorstellen als één pakket zou presenteren, ze ook als één pakket verworpen konden worden. Daarom stelde hij de zaken ietwat anders voor. Hij legde uit aan het managementteam dat de vijf stappen die hij voorstelde vijf elementen waren, waarvan hij dacht dat het goed zou zijn wanneer die alle werden uitgevoerd. Hij voegde eraan toe dat het misschien wat veel in één keer was en dat het bedrijf al een heel eind zou opschieten als de eerste twee punten werden aangepakt. De kans dat het managementteam de eerste twee punten dan verwerpt, is miniem. Ofwel het managementteam vraagt waarom niet alle vijf punten in één keer kunnen worden uitgevoerd, of ze aanvaarden het voorstel van de eerste twee stappen.

Ik moet er niet aan denken dat je deze techniek ooit gebruikt om naar je baas te stappen en hem te vragen of het bedrijf een langdurige externe opleiding voor jou wil financieren. Als het je erom te doen is dat je die opleiding kunt volgen tijdens de werktijd, dan is het eerste geen gekke openingszet. Want als je een nee krijgt op de financieringsvraag, staat de deur wagenwijd open voor een ja op het werktijdverzoek en je weet maar nooit of je ook op je eerste vraag een positief antwoord krijgt. Maar nogmaals, wie ben ik om je zulke slinkse trucs te suggereren.

Gebruik wederkerigheid als een langetermijnstrategie

Als je wederkerigheid alleen toepast op de momenten dat je iets van iemand anders gedaan wilt krijgen, is het niet meer dan een goedkoop trucje. Op lange termijn is het geen goede strategie. We hebben allemaal wel eens gehoord (niet zelf meegemaakt natuurlijk, want zo iemand ben jij niet en ik zeker niet) dat als iemand aan een ander wat aanbiedt, hij onmiddellijk getrakteerd wordt op de vraag: 'Moet je soms iets van mij?' Dat is niet echt effectief.

Wederkerigheid is in de eerste plaats een attitude. Als je je regelmatig de vraag stelt welke mensen uit je omgeving belangrijk zijn en je biedt hun af en toe iets aan, dan bouw je een reputatie op van iemand die het goed meent met anderen. Als je dit echt goed en consistent doet, zou ik mij al helemaal geen zorgen maken over beïnvloedingsstrategieën en technieken. Ze zijn grotendeels overbodig omdat je rondom je een klimaat van goodwill creëert.

Toch nog een belangrijke kanttekening. Uit onderzoek weten we dat wanneer we iemand een gunst verlenen, de waarde ervan voor de ontvanger stilaan afneemt terwijl de waarde ervan voor de gever na verloop van tijd almaar toeneemt. Het brood- en wijnverhaal. Voor de gever is het wijn: verbetert met de tijd. Voor de ontvanger is het brood: wordt met de tijd alleen maar hard en onverteerbaar.

Dit is een belangrijke reden waarom het geven van gunsten een activiteit is die voortdurend moet worden herhaald.

Vermijd waar mogelijk uitwisseling van negatief 'onderhandelingsgeld'

Wederkerigheid is een universeel principe. Je zult terugkrijgen wat je gegeven hebt. Dit houdt ook in dat wanneer je waardevol wisselgeld weghaalt, de ander hetzelfde zal doen. Als je als chef zegt: 'Ik haal dit of dat privilege weg,' wees dan niet verbaasd dat mensen reageren met: 'Dan hoef je mij ook niet meer te vragen om...' Hierbij creëer je al te gemakkelijk een verlies-verliessituatie en daar zit niemand op te wachten.

Anderzijds is het gebruik van negatief 'onderhandelingsgeld' soms onvermijdelijk en moet je iemand impliciet of expliciet waarschuwen voor de negatieve gevolgen die verbonden zijn aan het niet beantwoorden van je vraag. Als je deze werkwijze dan toch moet hanteren, zorg er dan voor dat aan een paar voorwaarden is voldaan:

- De dreiging moet reëel zijn en als dusdanig door de ander worden ervaren. Wees er dus vooraf zeker van dat je het ook kunt waarmaken, mocht het ooit zo ver komen.
- De negatieve gevolgen waarvoor je waarschuwt, moeten betekenisvol zijn voor de ander.
- De waarschuwing moet zo feitelijk mogelijk meegedeeld worden zonder emotionele lading.

Nog een paar dingen om dit deeltje af te sluiten.

Hou altijd in de gaten dat de waarde van uw wisselgeld heel subjectief is. 'Dank je wel' zeggen, kan zowel positief als negatief geïnterpreteerd worden.

Hetzelfde wisselgeld kan op heel verschillende manieren tot uitdrukking komen. Stel dat je waardering wilt uiten, dan kun je dat doen door iemand een bedankje te mailen of publiekelijk te feliciteren, je kunt het ook doen door informele waarderende opmerkingen te maken tegenover de collega's van die persoon, je kunt een mail naar je baas sturen over de goede prestaties en de persoon in kwestie daarbij vermelden, enzovoort. Ga alsjeblieft niet uit van het *one fits all*-recept.

Ten slotte nog dit. Alle mechanismen en technieken die we hier besproken hebben, waren telkens gericht op individuen. Je kunt hetzelfde doen met groepen. Iedereen die zich met die groep identificeert, zal zich daardoor aangesproken voelen. Dit is des te belangrijker naarmate je werkt met mensen uit meer collectivistische culturen, bijvoorbeeld Aziaten.

9.1.2 De toepassingen op een rijtje gezet

1. Wees de eerste om iets te vragen.
2. Vraag in eerste instantie meer dan strikt noodzakelijk.
3. Gebruik een weigering op je eerste verzoek door er onmiddellijk je tweede op te laten volgen.
4. Gebruik het 'dank je wel' van iemand anders door erop te laten volgen: 'Als jij in mijn plaats was, zou jij voor mij hetzelfde hebben gedaan.'

9.2 *Two million flies can't be wrong:* appelleren aan sociaal bewijs

Je kent het verhaal wel. Je bent op reis in India en logeert bij een plaatselijke familie. Op een avond staat er een vleesschotel op het menu en de eigenaar vertelt hoe vers het vlees wel is, want diezelfde ochtend is het op de markt gekocht. De schrik slaat je om het hart, want je hebt die markten al eens bezocht en hygiëne leek er niet de sterkste troef.

Je informeert dus even bij je gastheer hoe veilig het is om vlees te kopen op plaatselijke markten, waarop hij je volledig geruststelt met de woorden: 'Natuurlijk is het goede kwaliteit, want *two million flies can't be wrong!*'

Het grapje verwijst naar een sterke neiging bij elk van ons om ons te spiegelen aan het gedrag van anderen om te beslissen wat we in een bepaalde situatie zullen doen. In de sociale psychologie wordt dit mechanisme 'sociaal bewijs' genoemd.

9.2.1 Waardoor kennen we de invloed van dit mechanisme?

Stel, je bevindt je in het station en voor je ogen zie je een zakkenroller aan het werk. Je merkt dat anderen hem ook gezien hebben, maar niet reageren. Zul jij reageren? Of een stap verder. Je loopt op straat en ziet een dronken man liggen die duidelijk heel ziek is. Anderen lopen voorbij zonder hulp te bieden. Wat doe jij in zo'n geval? Tenzij je een van die uitzonderlijke mensen bent, weet je uit ervaring dat je net als de anderen wellicht niet zult reageren. Je wilt niet opvallen en volgt de groepsnorm, alsof de anderen onrechtstreeks de boodschap uitdragen: reageer niet. De situatie verandert snel wanneer iemand wel reageert. Dan plots zie je een groepje mensen rond de persoon die hulp nodig heeft. De groepsnorm wordt gewijzigd en de anderen passen zich aan. Ook in tal van andere situaties zijn we geneigd om te kijken wat de ander doet om vervolgens zelf te reageren. Marketeers maken gretig gebruik van deze reflex. Als bijvoorbeeld een kabelmaatschappij in haar reclamecampagne vraagt of je je ook wilt aansluiten bij de groep van een miljoen gebruikers die al overtuigd zijn van de voordelen van hun dienst, is het effect groter dan wanneer ze zonder meer de voordelen opsommen. Als zo velen al overtuigd zijn, moet hun formule wel voordelen bieden.

Ook bij inzamelacties op tv zal men niet nalaten om regelmatig het steeds groeiende bedrag te tonen. Waarom zou jij dan achterblijven, zeker als het om een goed doel gaat?

Ook de zogenaamde infomercials, commercials die als informatie worden gebracht, maken gebruik van deze groepsdynamiek. Na de informatiestroom waaraan geen einde lijkt te komen, komt de *call for action*: 'Onze telefonisten wachten, bel nu!' Een slimme marketeer paste die zin een beetje aan: 'Als onze telefonisten bezet zijn, bel dan opnieuw.' Op dat moment verdrievoudigde de respons omdat de groepsnorm veranderde van 'niemand belt, dus onze telefonisten wachten' in 'iedereen belt, dus onze telefonisten zijn bezet'.

De volgende advertentie is op dit mechanisme gebaseerd. Als je erop gaat letten, merk je hoe vaak dit in vele variaties wordt gebruikt.

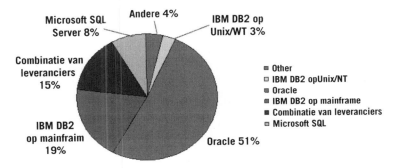

'Meer dan de helft van de Fortune 100 gebruiken Oracle als hun primaire database.'

Oracle deed het dit jaar nog eens over met de volgende advertentie. Kennelijk was de vorige toch niet geheel zonder succes geweest.

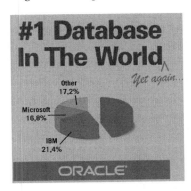

Dezelfde dynamiek, zij het in tegengestelde richting, zie je vaker in een bedrijfsomgeving bij wisseling van functies. Je zult straks begrijpen waarom deze ingreep in bepaalde situaties bijna nooit het beoogde doel bereikt.

Stel je voor, twee afdelingen hebben functioneel wrijvingen. Om meer begrip voor elkaar te kweken besluit men om iemand van de ene afdeling over te plaatsen naar de andere en vice versa. De hypothese is dan dat die persoon op zijn nieuwe afdeling begrip zal kweken voor de problematiek in de andere. Vaak is het beoogde effect van zeer korte duur. Als nieuwkomer heb je er alle belang bij dat je geaccepteerd wordt door de nieuwe club. Daardoor ga je je voegen naar de bestaande normen van die afdeling. Als een van die normen is dat je de andere afdeling als de vijand beschouwt, zul je je daar snel aan aanpassen. Niks begrip kweken voor de andere groep.

9.2.2 Welk principe gaat erachter schuil?

Als op straat geen hulp wordt geboden aan iemand in nood, is dat typisch een situatie waarbij je denkt dat jij wel anders zou reageren. Toch is onze reflex om niet te reageren niet zo onmenselijk. Integendeel, de behoefte aan sociaal bewijs is heel menselijk. Vanuit onze evolutie was het wellicht een goede beslissing om te doen wat de groep doet. In veel gevallen is het veiliger om de groep te volgen dan op eigen houtje te opereren. Uit overlevingsinstinct willen we deel uitmaken van de groep en is deze reflex een automatisme geworden.

Ook psychologisch biedt het mechanisme ons belangrijke voordelen. Door het oordeel van de groep te volgen hoeven we niet meer zelf over alles na te denken. We hoeven niet telkens weer het warm water uit te vinden en besparen ons dus de moeite. Bovendien levert het ons een essentieel emotioneel voordeel op: we worden geaccepteerd door een groep of omgekeerd: we vermijden het gevaar om bespot of geïsoleerd te worden.

Sociaal bewijs werkt als aan twee *voorwaarden* wordt voldaan:
- het is niet meteen duidelijk wat we in een bepaalde situatie moeten doen;
- de groep waarnaar we ons richten bestaat uit gelijken.

Het laatste aspect kennen we uit de sportwereld. We weten allemaal hoe efficiënt stewards zijn bij de ordehandhaving in een voetbalstadion. Ze ontlenen hun impact vooral aan het feit dat zij ook supporters zijn, net als het publiek. Iets soortgelijks kennen we uit betogingen waar de organiserende groepen vaak zelf voor hun ordedienst zorgen. In beide gevallen wordt de orde bewaakt door een groep die dichter staat bij de direct betrokkenen dan bijvoorbeeld de politie.

Het belang van het eerstgenoemde aspect (het is niet meteen duidelijk hoe men zich moet gedragen) is ons bekend uit veiligheidstrainingen. Op regelmatige tijdstippen organiseren bedrijven brandoefeningen. In zo'n oefening leert men een bepaald gedrag aan. Het gevaar is anders te groot dat als er werkelijk brand zou ontstaan, mensen kostbare tijd verliezen door naar elkaar te kijken en niet te reageren. Dat dit geen fabeltje is, blijkt onder meer uit wat er enkele jaren geleden gebeurde tijdens een grote brand in een warenhuis in Manchester.

Het grootste aantal slachtoffers viel in het restaurant. Later onderzoek wees uit dat mensen waren blijven zitten, doordat ze een ander script volgden, namelijk een dat voorschrijft hoe je je gedraagt in een restaurant: je gaat zitten, je bestelt, je eet, je rekent af, en dan pas ga je naar buiten. Kennelijk was dit gedrag zo sterk ingesleten dat het sterker was dan de overlevingsreflex om zich snel uit de voeten te maken in een levensbedreigende situatie.

9.2.3 WAT LEERT ONDERZOEK ONS OVER DE IMPACT VAN DIT MECHANISME?

Hier is een beroemd experiment. Je nodigt een groep proefpersonen uit in een zaal van een hotel. Je vertelt hun dat ze daar zijn om deel te nemen aan een onderzoek over shoppen op internet. In elke groep is er maar één echte proefpersoon. De anderen zijn leeftijdgenoten en maken deel uit van de proefopstelling. Er is hun vooraf gezegd hoe ze zich moeten gedragen, namelijk niet reageren en blijven zitten, wat er ook gebeurt.

Als iedereen volop bezig is met het invullen van vragenlijsten, komt er plots rook vanonder de deur. Na enige tijd hoort iedereen ook een brandalarm. De rook is afkomstig van een rookmachine. Geen echte brand dus, maar dat is er niet aan te zien.

Omdat ze zo geïnstrueerd zijn, reageert niemand. De onderzoeksvraag is of de echte proefpersoon al of niet zal blijven zitten in een kamer die zich vult met rook. Wat er gebeurt is boeiend. De echte proefpersoon kijkt naar de rook, vervolgens naar zijn collega's, die alleen oog hebben voor hun vragenlijst, weer naar de rook en uiteindelijk naar de eigen vragenlijst. In elk geval, ongerust of niet, hij blijft in de kamer, kennelijk omdat ook alle anderen dat doen. Gemiddeld dertien minuten, lang genoeg om bij een echte brand het bewustzijn te verliezen of te stikken. In de meeste gevallen moet men de proefpersoon nadrukkelijk vragen om naar buiten te gaan.

Helemaal anders verloopt het wanneer de proefpersoon alleen in dezelfde kamer zit, zogenaamd omdat de anderen er nog niet zijn. Opnieuw rook, opnieuw een alarm. Hoe vaak men dit ook herhaalt, steeds maakt de proefpersoon zich bliksemsnel uit de voeten.

Wat bepalend is voor zijn gedrag, is of hij al of niet deel uitmaakt van een groep. Uit onderzoek weten we dat het groepseffect al optreedt zodra er drie mensen of meer aanwezig zijn.

Het principe van sociaal bewijs lijkt dus een dermate sterke impact te hebben dat je bereid bent er je eigen leven voor op het spel te zetten. Het is dan ook niet verwonderlijk dat je door dezelfde reflex ook anderen in gevaar kunt brengen. De groepsnorm activeert je automatische piloot waardoor het heel moeilijk wordt om nog anders te kunnen handelen. Inzicht in deze dynamiek verhoogt de kans dat er een belletje gaat rinkelen wanneer je je in een dergelijke situatie bevindt en dat je je automatische piloot eventjes uitschakelt.

Het volgende hou je nauwelijks voor mogelijk. Onlangs gaf ik een meerdaagse training. Op een avond ging ik met een paar deelnemers een hapje eten in een nabijgelegen restaurant. Ik had die dag kort iets gezegd over het rookexperiment en dit nog wat uitgebreid door een paar voorbeelden te geven van reële branden waarin heel wat slachtoffers waren gevallen, doordat niemand als eerste een restaurant wou verlaten.

Er ging tijdens het diner plotseling het brandalarm af. Wat aan ons tafeltje gebeurde, was dat men grapjes over het geluid maakte, dat men snel naar de bediening keek en zag dat die zich gedroeg als normaal en de andere gasten idem dito. Kortom, ieder bleef zitten en sprak hooguit wat luider om boven het geloei van het alarm uit te komen. Voor mij was het meest fascinerende om te merken dat ook ik bleef zitten en natuurlijk al snel een rationalisatie klaar had van 'wetenschappelijke interesse' en real life-situatie en nog wat moois, maar dat het nettoresultaat wel was dat ik bleef waar ik zat, en pas een hele tijd later aan iemand van de bediening vroeg wat er feitelijk aan de hand was. Een lesje in nederigheid.

Een van de dingen die ik mij achteraf realiseerde, was dat ik wel de impuls had om mij snel uit de voeten te maken, maar vervolgens het idee om een restaurant te verlaten zonder te betalen zo gênant vond, dat ik dat risico maar niet had gelopen. Curieus toch, want daardoor liep ik wel het risico om in een brandende eetzaal terecht te komen.

Een experimenteel onderzoek naar dit fenomeen startte na een opzienbarend incident in New York in de zestiger jaren. Kitty Genovese, een jonge vrouw, wordt bij het vallen van de avond op een pleintje tussen appartementsgebouwen neergestoken. De dader loopt weg. De jonge vrouw ligt bloedend op de grond en roept om hulp. Na een tijdje komt de dader terug, steekt haar opnieuw en maakt zich weer uit de voeten. De vrouw blijft om hulp roepen. De dader verschijnt nogmaals en deze keer steekt hij zo vaak dat ze eraan bezwijkt. Dit alles gebeurt in een tijdspanne van 35 minuten. Buurtonderzoek wijst naderhand uit dat 38 buren vanuit hun appartement getuige waren geweest zonder de hulpdiensten of de politie te bellen.

Je kunt je hierbij voorstellen dat mensen aarzelden om naar buiten te lopen en te helpen als er een gewapende gek in de buurt rondloopt. Dat niemand belt, ook al zijn lokale telefoongesprekken in New York gratis, ligt minder voor de hand. Men is dit fenomeen *bystander apathy* gaan noemen, de apathie van omstanders in situaties waarin geen kant-en-klaar script voorhanden is.

Dat dit fenomeen niet exotisch is of het privilege van New Yorkers, bleek nog heel recentelijk bij de moord op Joe van Holsbeek in Brussel. De jongen werd neergestoken zonder dat iemand reageerde of zich later als getuige meldde.

Je zou kunnen denken dat die situatie typerend is voor een grote stad waar mensen onverschillig zijn en graag anoniem blijven. Maar dat is niet zo. Alle onderzoek dat we kennen wijst uit dat iemand die in nood is niet wordt geholpen tenzij er slechts één of twee andere personen in de buurt zijn. Er zijn wel gradaties. Een eenvoudig experiment op straat toont dit aan. Waar een ogenschijnlijk dronken man in nood niet op hulp hoeft te rekenen, ligt dit anders voor een zakenman in maatpak. De hulp is er in dat geval vrijwel onmiddellijk wanneer voorbijgangers tot dezelfde sociale groep behoren. Vervang je de zakenman door een doorsnee vrouw, dan moet zij al heel wat langer op hulp wachten. Zodra er echter iemand begint te helpen, zijn er opeens veel meer mensen bereid om hetzelfde te doen. Er is dan een nieuwe groepsnorm gecreëerd: 'Help deze persoon.'

Behalve onzekerheid is ook het gedrag van groepsgenoten of *peers* een voorwaarde om sociaal bewijs optimaal te laten werken. De advertentie die aan het begin van deze paragraaf werd getoond, speelt daar perfect op in. De advertentie richt zich op personen die voor een belangrijke investeringsbeslissing staan, namelijk welke primaire database ze moeten kiezen voor hun bedrijf. Door te verwijzen naar de keuze die meer dan de helft van de top 100-bedrijven maken, stelt men potentiële klanten gerust. Je kunt je moeilijk een buil vallen door hetzelfde te doen wat succesvolle collega's hebben gedaan.

9.2.4 Hoe gebruik je dit alles in een professionele context?

Kies je ambassadeurs
Zoals we al zagen, is het bij het overbrengen van boodschappen van essentieel belang dat de informatiebron geloofwaardig is. Als je medewerkers warm wilt maken voor een idee, moet je er rekening mee houden dat hun eigen collega's doorgaans een veel geloofwaardiger bron zijn dan managers hogerop in de hiërarchie. Door in te spelen op gelijksoortigheid kun je sociaal bewijs inzetten als beïnvloedingsstrategie.

Stel, je wilt op je afdeling een manier van werken introduceren waarvan je gezien hebt dat die op een ander afdeling heel goede resultaten had. Je kunt dan als strategie kiezen om je mensen bij elkaar te roepen en hun te vertellen hoe goed die werkwijze wel is. Je kunt deze boodschap ook laten brengen door de chef van die andere afdeling. Je creëert echter een veel krachtiger effect wanneer je die manier van werken laat toelichten door mensen van de andere afdeling zelf, die op hetzelfde niveau werken als jouw mensen. Wat zij als voordelen laten zien, zal veel geloofwaardiger overkomen dan wanneer je zelf de voordelen uitlegt.

Hoe groter de machtsafstand tussen de boodschapper en de ontvanger, hoe meer wantrouwen er heerst ten aanzien van de boodschap. Bedrijven die computersystemen leveren die een zeer grote impact hebben op de dagelijkse werkroutines van heel wat werknemers, begrijpen dat principe maar al te goed. Doorgaans zitten mensen er niet op te wachten dat ze hun vertrouwde manier van werken moeten veranderen. Wanneer je ingrijpt in gewoontes, kun je er zeker van zijn dat je op heel wat weerstand stuit. Daarom maakt men gebruik van zogenaamde *power users*. Dit zijn personen uit de groep van eindgebruikers die doorgaans ook veel sociale invloed bij hun collega's hebben. Door hen op voorhand apart te benaderen, hun inbreng te vragen en hen speciaal te trainen, maakt men hen tot bondgenoot en ambassadeur van de nieuwe manier van werken bij hun directe collega's. Het investeren in *power users* is duur en neemt tijd in beslag, maar het zorgt ervoor dat je op bijval kunt rekenen bij de anderen. Een project zonder draagvlak zorgt vaak voor problemen en kost uiteindelijk veel meer.

Bij communicatie naar het management kun je gebruikmaken van sociaal bewijs door je eigen situatie te vergelijken met wat anderen binnen of buiten het bedrijf doen die succesvol zijn. Dit werkt alleen wanneer ze die anderen echt als vergelijkbaar zien.

Spreek mensen individueel aan

Ongeplande onderhoudswerken maakten het in een telecombedrijf noodzakelijk dat enkele vrijwilligers tijdens het weekend moesten werken. Dit was nooit eerder gebeurd. De manager riep zijn groep bijeen en vroeg wie zich aanmeldde. Achteraf bekeken was de reactie voorspelbaar. Plots bleek iedereen veel belangstelling te hebben voor zijn schoenpunten of voor de verfkleur van het plafond, kortom niemand reageerde. Vrij pijnlijk voor de manager in kwestie.

Als er geen voorgeschreven regels voorhanden zijn, conformeren mensen zich aan de groepsnorm. Niemand wil opvallen en je krijgt een non-reactie. Je kunt daar een mouw aan passen door een beroep te doen op de opinieleiders, namelijk de informele leiders van een groep. Zij belichamen meer dan de hiërarchische chef de groepsnormen. Je kunt hen het best even vooraf bij je roepen en vragen of zij bereid zijn de klus op zich te nemen. Als je je nadien tot de groep richt weet je al op voorhand dat je in hen een bondgenoot zult vinden en dat anderen hun voorbeeld zullen volgen.

In het algemeen kun je ervan uitgaan dat je meer kans krijgt op een reactie wanneer je je richt op individuen dan op de groep als geheel. Als je in een bedrijf werkt, ken je dit fenomeen wel. Wanneer je een e-mail stuurt met het verzoek om iets te doen, en je vult pakweg tien personen in als ontvangers, weet je uit ervaring dat de reactie heel wat minder is dan wanneer je dezelfde mail verstuurt naar tien afzonderlijke personen.

Vermijd groepsdenken

Het gevaar van groepsdenken (*groupthink*) is voldoende bekend. Vooral onder druk vertonen groepen de neiging om afwijkende meningen te ontmoedigen. De aandacht voor dit fenomeen werd vooral gewekt door het fiasco van de invasie van Cuba in de Varkensbaai in april 1961. In volle overwinningsroes na de verkiezing van president Kennedy had zijn regering, de president voorop, tot de invasie beslist. Achteraf bleek het een rampscenario waarvan ieder weldenkend mens kon voorspellen hoe het zou aflopen. Het merkwaardige was dat de beslissing was genomen door een groep toppolitici die men er moeilijk van kon verdenken dat ze randdebielen waren.

Uit de analyse achteraf bleek dat elk van hen wel zijn twijfels had bij het plan, maar dat iedereen ervan was uitgegaan dat alle anderen het wel een goed idee vonden. En waarom dan gaan dwarsliggen?

Het getuigt van inzicht dat Kennedy zich geen tweemaal aan dezelfde steen stootte. Toen hij enige tijd later geconfronteerd werd met de Cubaanse raketcrisis, maakte hij er een punt van om zelf zo weinig mogelijk aanwezig te zijn bij het overleg van de crisisstaf. Bovendien had hij aan twee teamleden, onder wie zijn broer Robert, uitdrukkelijk de opdracht gegeven om advocaat van de duivel te spelen bij elke beslissing.

Om groepsdenken te vermijden kun je naar de ideeën van de groep vragen voordat de leider van de groep zijn of haar mening geeft. Nadat je consensus hebt bereikt, is het nuttig om toch nog ruimte voor twijfel te creëren. Bij zeer belangrijke groepsbeslissingen kun je ook overwegen om aan een externe expert te vragen de beslissing nog eens tegen het licht te houden.

Creëer de goede referentiegroep
Een opmerking die je wel vaker hoort bij managers is dat je op sommige zaken moet blijven hameren, zelfs als het gaat over iets wat letterlijk van vitaal belang is voor werknemers, zoals veiligheidsvoorschriften.

Zolang werknemers vinden dat iets niet tot hun taak behoort, blijven ze vinden dat het een zaak van het management is. Het is in sommige omgevingen zelfs *bon ton* om je af te zetten tegen het management. De groepsdynamiek zal dan wel het nodige doen om te voorkomen dat je het in je hoofd haalt om het toch als jouw taak te zien. Op dat moment moet het management de werknemers ervan overtuigen dat een bepaalde taak wel degelijk deel uitmaakt van hun functieomschrijving en in hun eigen belang is.

Een andere situatie waarin je gebruik kunt maken van sociaal bewijs, is bij ongewenst gedrag, bijvoorbeeld van productiewerknemers die nogal slordig omgaan met beschermende middelen. Als je boodschap is dat er nog te veel zijn die hun beschermende bril niet opzetten, zeg je impliciet: sluit je aan bij de groep en zet je bril niet op. Als je daarentegen zegt dat er veel zijn die hun bril dragen, maar dat toch af en toe iemand zijn bril niet opzet, en dat die laatste attenter zou moeten zijn, heb je het over dezelfde situatie maar bereik je een volledig ander effect. Als vuistregel geldt dat je ongewenst gedrag marginaliseert in plaats van te verwijzen naar een grote groep die het fout doet.

Hier is nog een voorbeeld dat uit onderzoek komt. Het thema was de invloed van waarschuwingsborden op het wegnemen van plantenfossielen in een nationaal park in de Verenigde Staten. Men testte het effect van twee verschillende borden.

Op het eerste bord stond de tekst 'Neem alstublieft geen fossielen weg uit het park en zorg er zo voor dat de natuurlijke staat van het park gehandhaafd blijft.' Onder de tekst was een afbeelding te zien van een bezoeker die een stuk fossiel stal met een rode cirkel, met diagonale streep (het universele nee-symbool) over de hand getekend.

Het tweede bord had de volgende tekst: 'Vele vroegere bezoekers hebben plantenfossielen weggenomen uit het park, waardoor de natuurlijke staat ervan veranderd is.' Deze boodschap werd begeleid door een beeld van verschillende parkbezoekers die stukken fossiel wegnamen. In de zone waar de borden stonden, hadden de onderzoekers langs wandelpaden een aantal gemarkeerde stukken fossiel neergelegd, zodanig dat ze precies wisten hoeveel er weggenomen werden wanneer het ene bord er stond en hoeveel bij het andere. De boeiende uitkomst was dat bij het tweede bord (vele dieven) er driemaal zo veel fossielen werden weggenomen als bij het eerste.

Dezelfde fout wordt gemaakt, wanneer men op de A4 grote borden plaatst met daarop het aantal ton zwerfvuil dat per jaar langs snelwegen wordt achtergelaten.

Mensen sluiten zich gemakkelijk aan bij de groepsnorm wanneer ze horen hoe die is, ook wanneer ze die alleen zien. Als een papiermand overvol is en er al wat papier naast ligt, hebben weinigen er moeite mee om er nog meer naast te gooien. Als je ervoor zorgt dat die manden steeds netjes zijn, zul je anderen aanmoedigen om ook netjes te zijn.

Verminder onzekerheid
Eerder hebben we gezegd dat sociaal bewijs werkt onder twee voorwaarden: onzekerheid en een referentiegroep van gelijken. Beide condities doen zich vaak voor in verkoopsituaties waarin men twijfelt tussen een aantal mogelijkheden. Wanneer de verkoper dan iets zegt in de aard van 'dat de meeste mensen dit kopen en er tevreden over zijn...' is dit vaak voldoende om hun klanten over de streep te trekken.

Hetzelfde principe wordt vaak in advertenties gebruikt. De reclamejongens zetten dan zogenaamde straatinterviews in scène of voeren op een andere manier personen op die er net zo uitzien en net zo klinken als de doelgroep. Die vertellen dan met veel overtuiging hoe tevreden ze zijn dat ze uiteindelijk gekozen hebben voor product X. Hetzelfde effect krijg je wanneer je als boodschap hebt dat een product het 'meest gebruikte' is of dat de aanbieder van het product het 'snelst groeiende bedrijf in zijn sector' is. Ook hier is de boodschap: 'Wanneer je je aansluit bij de meerderheid, kun je je geen buil vallen.'

Creëer een hot item
We hebben eerder al vermeld dat je vaak een boodschap alleen verkocht krijgt wanneer ze beantwoordt aan een aangevoelde behoefte. Die behoefte kun je helpen creëren door op meerdere plaatsen proefballonnetjes op te laten en door zelf zo veel mogelijk en bij zo veel mogelijk personen het onderwerp ter sprake te brengen. Het thema gaat dan rondzingen. Iedereen lijkt het erover te hebben. Dan moet het wel belangrijk zijn.

9.2.5 DE TOEPASSINGEN OP EEN RIJTJE GEZET

1. Identificeer opinieleiders en schakel hen in als ambassadeurs om een verandering bij je doelgroep voor elkaar te krijgen.
2. Wanneer je vrijwilligers nodig hebt voor een extra taak, spreek opinieleiders dan vooraf individueel aan en krijg hun medewerking, voordat je de vraag aan de groep stelt.
3. Wanneer je tijdens de vergadering reacties wilt van de groep, nodig dan iemand specifiek uit om te reageren, eerder dan een algemeen verzoek te doen aan de groep.
4. Leg bij verandering de nadruk op de groeiende groep van mensen die al akkoord zijn, in plaats van te verwijzen naar diegene die niet mee wil.
5. Als je wilt dat bepaalde lokalen netjes gehouden worden, zorg er dan voor dat er op belangrijke punten nooit rommel ligt.
6. Individualiseer e-mails met verzoeken.
7. Vermijd een lange lijst van ontvangers.
8. Geef voorbeelden van goedwerkende toepassingen voor zover je doelgroep zich met de groepen uit je voorbeeld kan identificeren.
9. Als je wenst dat je medewerkers een nieuwe manier van werken volgen, vraag dan iemand van hun niveau van een andere afdeling om te vertellen over de succesvolle implementatie ervan bij hen, in plaats van dat je dit zelf doet.
10. Vermijd groepsdenken door ervoor te zorgen dat ideeën uit de groep op tafel komen voor een hogergeplaatste zijn mening heeft gegeven.

11. Vermijd groepsdenken door bij belangrijke beslissingen een tijdsperiode in te bouwen waarna je de beslissing opnieuw bekijkt en dan pas definitief neemt of alsnog wijzigt.

9.3 Hoe kun je dingen voor elkaar krijgen door te appelleren aan de behoefte om consequent te zijn: het mechanisme van consistentie

9.3.1 WAAROM HEBBEN WE DE INNERLIJKE DRANG OM CONSEQUENT TEGENOVER ONSZELF TE ZIJN?

Mijn zoon Adri vertelde me het volgende voorval:

We verhuisden dit najaar van de stad naar een dorp waar tradities nog iets betekenen. Een van die tradities is de jaarlijkse processie. Hier en daar zagen we al postertjes hangen met de aankondiging van een eetfestijn ten bate van die processie.

Op een avond werd er aangebeld. Een vriendelijke oude man vroeg of we een postertje met de aankondiging voor het eetfestijn wilden ophangen. Aangezien we nieuw en welwillend waren, hadden we daar geen bezwaar tegen, zeker niet toen die man zich voorstelde als onze overbuurman en bleek dat hij in het dorp een bekende politicus was. We waren trouwens allang blij dat we geen sponsorkaart hoefden te kopen.

De hele straat hing vol met die aankondigingen. Later die week sprak een andere buurvrouw ons aan: 'Ik zie dat jullie ook een aankondiging hebben, zullen we samen gaan?' Zo bleek dat de vraag: 'Wil je een affiche ophangen?' veel beter werkt dan: 'Kopen jullie een kaart?' Op de eerste vraag kun je veel moeilijker weigeren, maar zo maak je ook reclame voor iets waardoor het daarna vrijwel onmogelijk is om niet op het eetfestijn te verschijnen, wat je enkel kunt doen als je een kaart hebt gekocht.

Het verhaal is nog niet ten einde. Op het eetfestijn zelf verwelkomde onze overbuurman ons allerhartelijkst. Na de gebruikelijke smalltalk stelde hij een vraag die ons helemaal overrompelde: 'We zoeken nog mensen voor de processie.' En ja, nu we hier toch waren om onze steun aan de processie te betuigen, werd het natuurlijk moeilijk om niet consequent te zijn. We vrezen de dag dat hij ons komt vragen om lid van zijn partij te worden.

Belofte maakt schuld, of wie A zegt moet B zeggen, zeker als het om een processie gaat. Consequent of consistent zijn is een principe waaraan we niet makkelijk ontsnappen, omdat het als reflex is ingebouwd.

Stel je zit op een terrasje wat te drinken en de vrouw aan het tafeltje naast je loopt even naar binnen en laat haar handtas onbeheerd achter. Iemand grist die in het voorbijgaan mee en gaat ervandoor. Je zult minder geneigd zijn om achter de dief aan te hollen dan wanneer je buurvrouw je expliciet gevraagd heeft om eventjes op haar handtas te passen. Meer nog, de kans dat je in die situatie helemaal niet reageert, is vrijwel nihil. Door middel van een eenvoudig verzoek is een menselijke band ontstaan die persoonlijke verantwoordelijkheid creëert.

Een groot distributiebedrijf leverde een mooi bewijs van de kracht van consistentie. Dagelijks heeft de firma 180 vrachtwagenchauffeurs op de weg, samen goed voor 300 à 400 ritten of zo'n 60.000 km per dag. In de publieke opinie hebben vrachtwagenchauffeurs geen al te beste reputatie als het op veiligheid aankomt. In het geval van het distributiebedrijf straalt dit natuurlijk dadelijk af op het bedrijf als geheel. Daarom namen ze enige tijd geleden een initiatief om daar verandering in te brengen. Alle chauffeurs werden gedurende een hele dag in groepen samengebracht waar ze nadachten over hoffelijkheid en veiligheid in het verkeer, en wat ze op dat vlak zouden kunnen doen. Die dagen resulteerden in een verklaring met tien beloften die ze zelf opschreven en ondertekenden.

Inhoudelijk stond er geen spectaculair nieuws in die verklaring. Om het even wie had alle punten in een half uurtje bij elkaar kunnen dromen. Dit zou een boel tijd en geld bespaard hebben. Wanneer het alleen zou gaan om het formuleren van gedragsregels is dit zeker juist. Wanneer het gaat om het opvolgen van die regels en erachter staan, is dit niet juist. Er is een stelregel die wordt samengevat in de formule

$$E = K \times A$$

De Effectiviteit van een maatregel is het resultaat van de Kwaliteit ervan maal de Acceptatie. Gedragsregels die van buitenaf worden geformuleerd, bijvoorbeeld door het management, zullen wellicht een hoge kwaliteit hebben. Maar het naleven ervan hangt af van de mate van acceptatie. Gedragsregels die men zelf formuleert, lokken naleving per definitie in hoge mate uit. Vandaar dat dit bedrijf ervoor koos 180 mandagen te investeren in het formuleren van de verklaring.

Ze gingen nog een stap verder. Op elk van hun vrachtwagens (dit is nu nog steeds het geval) hingen ze een duidelijk leesbare aankondiging: 'Hoffelijk en veilig verkeer, daar werk ik aan.' Op die manier werd hun engagement openbaar gemaakt en verhoogden ze de sociale druk om zich aan hun gedragsregels te houden.

9.3.2 Welk principe gaat erachter schuil?

Consistentie werkt als een belangrijke drijfveer voor gedrag wanneer er bij voornemens wordt voldaan aan drie *voorwaarden*. Het engagement moet zijn:
- vrijwillig;
- actief;
- publiek.

Wanneer je iemand vraagt om op je handtas te passen en de ander stemt daarmee in terwijl nog een derde persoon dit hoort, dan is aan alle voorwaarden voldaan. De persoon is actief (spreekt), geeft zijn vrijwillige toestemming en doet dit in het openbaar. Daardoor is hij veel meer geneigd om te doen wat hij gezegd heeft dan wanneer die condities er niet zijn. Apathie verandert in actie door er gewoon om te vragen. Het is een reflex.

De wet van de consistentie verwijst naar onze bijna obsessieve neiging om dingen te doen en te zeggen die in lijn liggen met wat we vroeger deden of zeiden. We hebben het hier al over gehad. De beste voorspeller voor gedrag in een bepaalde situatie is het gedrag dat men vroeger in die situatie vertoonde. Consistentie ontleent haar kracht wellicht aan een van generatie op generatie overgedragen gedragsregel die zijn deugdelijkheid heeft bewezen voor het goed functioneren van de samenleving. Om te kunnen samenleven is een minimum aan voorspelbaarheid nodig, anders krijg je onleefbare anarchie.

Er zijn ook psychologische redenen waarom dit principe zo krachtig is. Eerst en vooral bespaart het ons moeite. Om te kiezen wat we zullen doen, kijken we naar wat we vroeger deden en hoeven we de keuze niet meer van voren af aan te maken. Verder wordt ons gevoel van identiteit versterkt door ons te verbinden aan eerder gedrag en vermijden we pijnlijke confrontaties met onze fouten of problemen uit het verleden. Ten slotte is er heel wat sociale waardering verbonden aan consistent zijn. Het wordt gezien als een teken van volwassenheid en als een essentieel kenmerk van goed leiderschap. Je kunt de kracht van dit principe goed inschatten door je af te vragen hoe tevreden je ermee bent wanneer iemand je zegt dat je niet consequent bent, of nog sterker, dat je met elke wind meewaait. De kans is groot dat je daar niet echt zit op te wachten.

9.3.3 Wat zegt de wetenschap hierover?

Een onderzoek stelde een merkwaardig fenomeen vast bij paardenrennen. Men vroeg aan mensen die in de rij stonden om een weddenschap af te sluiten, op welk paard ze zouden gokken en welke kans zij dachten dat het paard had om te winnen. 63 procent van de ondervraagden dacht dat hun paard zou winnen.

Aan een andere groep mensen werd gevraagd welke kans hun paard maakte om te winnen *nadat* ze hun weddenschap hadden afgesloten en ervoor hadden betaald. De kans om te winnen steeg volgens de wedders ineens tot 84 procent. Ook al konden ze het resultaat niet weten, het antwoord van de ondervraagden was consistent met hun gedrag.

In de psychologie heet dat verschijnsel het verminderen van de 'cognitieve dissonantie'. Wanneer je geconfronteerd wordt met een situatie waarin je niet handelt zoals je vindt dat je zou moeten handelen, geeft dit een oncomfortabel gevoel. Dit ongemak wordt dan verminderd door het denken aan te passen aan wat men heeft gedaan. Dan klopt het plaatje weer.

Merkwaardig genoeg neemt de behoefte aan consistentie toe naarmate we ouder worden. De achterliggende verklaring voor dit fenomeen is de volgende. Inconsistentie betekent onvoorspelbaarheid en dat kan gemakkelijk leiden tot een negatieve emotie. Naarmate mensen ouder worden, zijn ze meer geneigd om negatieve emoties te vermijden. Daardoor gaan ze er meer belang aan hechten dat wat ze doen, in lijn ligt met vroegere gedachten, overtuigingen en handelwijzen.

Bij de wederkerigheid hebben we de DIF-techniek besproken. Een broertje daarvan is de *FID-techniek (foot in door)*. Hierbij is het werkingsmechanisme dat van de consistentie. Het principe is het volgende. Je begint met een klein verzoek dat zo onschuldig is dat vrijwel iedereen het zal accepteren. Vervolgens doe je een veel groter verzoek dat echter in de lijn ligt van het eerste. De boodschap is dan: 'Aangezien je al A gezegd hebt, is het toch alleen maar logisch dat je ook B zegt.'
Hier is een prototype van het onderzoek naar dit fenomeen.
Stel je een rustige woonwijk voor. Bungalows met een grasperk eromheen. Onderzoekers gaan aanbellen en vragen of de bewoners bereid zijn om voor hun huis een bord te laten plaatsen met als opschrift: 'Rij veilig.' Om te voorkomen dat ze voor verrassingen komen te staan, wordt hun een foto getoond van hoe het eruit zal zien. Op die foto is een reusachtig bord te zien dat het huis vrijwel volledig verbergt. Niet verwonderlijk dat slechts 17 procent van de bewoners zich akkoord verklaart met de plaatsing van het bord.
In een vergelijkbare wijk doet men hetzelfde verzoek. De voorgeschiedenis is hier een beetje anders. Twee weken eerder is men al komen aanbellen met de vraag om een klein bordje voor het raam te plaatsen met daarop een oproep voor veilig verkeer. Als men later bij deze mensen terugkomt met het verzoek voor het reusachtige bord, laat men niet na om te verwijzen naar het bordje en te bedanken voor hun bereidwilligheid om dat voor het raam te plaatsen. Raad eens wat? Bij deze groep is 76 procent bereid om hun bungalow te laten verstoppen achter een reuzenpaneel. Toch wel merkwaardig.

Al even opvallend is de variant. Hier is de eerste stap dat men gaat aanbellen, niet met het verzoek voor een bordje, maar met een petitie met als titel 'Hou Californië mooi'. Twee weken later volgt dan het verzoek voor het gigantische paneel. 50 procent accepteert het. Hier is het verband niet langer één op één (verkeersveiligheid), maar wordt er toch naar dezelfde waarde verwezen, namelijk burgerzin. Als je daar eenmaal ja op hebt gezegd, waarom dan geen tweede keer?

Sommige restaurants maken gebruik van hetzelfde principe om ervoor te zorgen dat de personen die een tafel reserveren ook daadwerkelijk komen opdagen of op zijn minst laten weten wanneer ze niet kunnen komen. In een experiment werden de telefonische reserveringen van een groot restaurant genoteerd door receptionisten die in de ene situatie het gesprek beëindigden met de zin: 'Als u niet kunt komen, laat het ons dan weten.' In de andere situatie sloten ze het gesprek af met de vraag: 'Als u niet kunt komen, belt u ons dan?' Het aantal klanten dat zonder af te bellen niet opdaagde, daalde in het laatste geval van 30 naar 10 procent. Door de vraag natuurlijk met ja te beantwoorden, activeerden de klanten het consistentieprincipe.

Een variant op de FID-techniek is wat Cialdini de *low ball*-techniek noemt. Hierbij stelt men een beloning in het vooruitzicht voor gewenst gedrag, om later die belofte in te trekken. Vervolgens gaat men na wat het effect daarvan is op het gewenste gedrag.

Tijdens de eerste oliecrisis werden de Amerikanen zich er voor het eerst scherp van bewust in welke mate hun economie afhankelijk was van buitenlandse olie. In alle media werden campagnes gevoerd om de Amerikanen aan te sporen om spaarzaam om gaan met energie. Aan de hand van een onderzoek wilde men nagaan hoe men dat het meest effectief kon aanleggen. Drie wijken werden geselecteerd. In de eerste wijk belden onderzoekers aan en vroegen de bewoners om zuinig te zijn met energie. Om hun vraag kracht bij te zetten, gaven ze ook nog een informatiefolder met tips. Toen ze na de winter de stand van de aardgasmeters vergeleken met die van de winter ervoor, bleek er geen verschil te zijn.

In een tweede wijk volgde men een ietwat aangepaste strategie. Onderzoekers brachten hetzelfde verhaal, gaven opnieuw een folder, maar voegden eraan toe dat de namen van de gezinnen die erin zouden slagen om hun gebruik significant te verlagen, in de lokale krant zouden verschijnen onder de noemer van goed burgerschap. Opnieuw werd de stand van de gasmeters vergeleken met die van de vorige winter. Gemiddeld was er een besparing van 12,2 procent.

In de derde wijk ging het er net zo aan toe als in de tweede, maar halverwege de winter kwam de onderzoeker opnieuw langs om te melden dat de namen jammer genoeg niet in de krant konden worden opgenomen. Bij het opnemen van de gasmeterstand stelde men na de winter een verminderd energieverbruik van 15,5 procent vast. Hoe kunnen we dit significante verschil verklaren?

Wellicht is de verklaring te zoeken in het feit dat mensen willen bewijzen dat ze geen energie besparen omwille van een artikel in de krant, maar doordat ze goede burgers zijn. Als de externe beloning wegvalt, versterkt dit hun interne motivatie.

Ik liet me vertellen dat een dergelijk fenomeen zich enkele jaren geleden voordeed in Nederland. Er was toen een groot tekort aan bloeddonors. Om mensen te stimuleren bloed te geven kondigde men aan dat de donors een vergoeding zouden krijgen. Hetzelfde mechanisme trad in werking en er kwamen minder donors opdagen. Zij die al jaren kwamen, daagden niet meer op, omdat ze niet aangezien wilden worden voor mensen die alleen bloed geven voor het geld.

Het bewuste gebruik van *low ball* werd me door een cursist verteld. Bij de aankoop van zijn nieuwe auto was hij na lang onderhandelen tot een akkoord gekomen. De verkoper verdween even 'om de papieren in orde te brengen'. Na enige tijd verscheen hij opnieuw en vertelde met een schuldbewuste uitdrukking op zijn gezicht dat hij er erg mee in zijn maag zat dat hij net ontdekt had dat een promoactie op basis waarvan hij zijn prijskorting had gegeven, al enkele dagen was afgelopen. Hij kon niet anders meer dan die korting intrekken en de oorspronkelijke verkoopprijs handhaven. Mijn cursist had al zo veel in de onderhandeling geïnvesteerd, dat hij er als een berg tegen opzag om weer van voren af aan te beginnen. Hij heeft de prijs toen maar aanvaard.

Tot slot nog een interessant Frans onderzoek over het effect van *low ball*. Een groep rokers werd uitgenodigd om deel te nemen aan een onderzoek waarbij ze een korte vragenlijst moesten invullen. Nadat ze een plaats en datum hadden afgesproken, kregen ze extra informatie die het hele onderzoek veel onaantrekkelijker maakte: men zei hun dat het voor de studie essentieel was dat ze achttien uur voor het invullen van de vragenlijst niet meer zouden roken. Hoewel ze de kans kregen zich terug te trekken, stemde 85 procent ermee in de afspraak toch na te komen. Van de groep rokers die de achttienurenregel op voorhand te horen kreeg, stemde slechts 12 procent in.

9.3.4 Wat zegt de praktijk hierover?
Kader je verzoek in diepgewortelde waarden
Bij marketeers is de 'laddertechniek' bekend. Het doel ervan is om onderliggende waarden die consumentengedrag bepalen aan de oppervlakte te brengen.

De eerste stap bestaat eruit om hun te vragen waardoor ze tot een bepaald idee of kandidaat of dienst of product worden aangetrokken. Hier wordt op geantwoord door de aantrekkelijke kenmerken van dat onderwerp te noemen. ('Deze schoenen hebben elegante hoge hakken'.)

'Waarom vind je deze kenmerken nu zo aantrekkelijk?' Het antwoord is een nieuw lijstje, deze keer met voordelen die verbonden zijn aan die kenmerken. ('Hoge hakken doen je groter lijken, slanker en exotischer'.)

Volgende vraag: 'Waarom zijn die voordelen dan belangrijk?' Dit brengt fundamentele waarden aan de oppervlakte die ten grondslag liggen van hun koopbeslissingen. ('Groter zijn maakt je krachtiger in onderhandelingen; er slanker uitzien doet je je jonger voelen, sexyer en vitaler'.) Als deze onderliggende waarden van de doelgroep bekend zijn, kunnen campagnes en slogans daaraan appelleren.

Elk van ons wil consequent tegenover zichzelf zijn en wil er zeker niet op worden gewezen dat wat hij doet niet klopt met wat hij zegt, want dat zou hypocriet zijn. Dit laatste is een etiket waar de meesten van ons niet echt op zitten te wachten.

Verlaag de instapdrempel

Mensen zijn meer bereid om in een pilot-project te stappen dan in de directe en volledige implementatie ervan. Het kenmerk van een pilot-project is immers dat men het na verloop van tijd kan terugdraaien als het niet tot het beoogde effect leidt. Wie instapt, verbindt zich dus alleen voorwaardelijk. Daardoor doen meer mensen mee. Een gevolg is dat men door deelname aan een pilot-project energie investeert. Hierdoor wordt de kans groter dat men naderhand ook blijft investeren, omdat men consequent wil zijn.

Hier is een variant waaraan je misschien niet direct denkt, maar die in de praktijk heel nuttig is. Wanneer je een verandering wilt doorvoeren, weet je vaak vooraf uit welke hoek er tegenwind zal komen. Als je vervolgens een projectteam optuigt om de verandering vorm te geven, is het verstandig om tegenstanders uit te nodigen bij het team te komen. Vaak doen we dit niet uit angst dat het juist die mensen zijn die het project van binnenuit zullen opblazen. Vaak is het tegendeel waar. Door aan het project mee te werken, hoe klein hun inbreng ook is, wordt hun bereidheid om het initiatief te waarderen vergroot. Tenslotte kunnen ze het voor zichzelf niet maken dat ze energie hebben geïnvesteerd in een partij onzin. Bovendien hebben ze zich ook gebonden aan hun achterban. Na enige tijd kunnen ze het zich niet meer permitteren om zonder gezichtsverlies het initiatief af te vallen. Alle reclamecampagnes die je iets op proef willen laten gebruiken om later te beslissen of je het definitief aankoopt, maken gebruik van hetzelfde mechanisme.

Nog een voorbeeld uit de commerciële sfeer: het uitschrijven van wedstrijden.

> *Je kent de advertenties wel. Een reisbureau vraagt bijvoorbeeld om een leuke slogan te bedenken. Degene met de beste slogan wint dan een reis met alles erop en eraan. Natuurlijk heeft dat reisbureau geen behoefte aan slogans want daar hebben ze copywriters voor. Door mensen aan het denken te zetten over hun reisbureau, over hoe goed het wel is, en hen iets daarover op te laten schrijven, creëren ze de ideale voedingsbodem voor consistent gedrag. Als een gezin later zijn vakantie plant en een reisbureau moet kiezen, waarom dan niet dat ene, ook al hebben ze toen niets gewonnen.*

Jeffrey Pfeffer, die baanbrekend werk gedaan heeft op het vlak van macht en invloed in organisaties, beschrijft de strategieën die Jimmy Carter volgde om uit het niets op te duiken en uiteindelijk president van de VS te worden. Een van de werkwijzen bestond eruit mensen de kans te geven om hem op heel kleine schaal te helpen. Carter ging ervan uit dat heel wat mensen een sterke behoefte hebben om een bijdrage te leveren. Hij gaf hun die kans en vergrootte geleidelijk de bijdrage die ze konden leveren. Hij maakte dus medestanders, niet zozeer door ze gunsten te verlenen en te rekenen op wederkerigheid, maar door ze gunsten te laten verlenen en in te spelen op consistentie.

Bied een uitweg aan
Een van de redenen waarom mensen niet snel hun attitudes zullen veranderen, is dat ze zich ermee verbonden voelen. Doordat we ons verbonden voelen met een bepaalde attitude, worden we er steeds meer van overtuigd dat die attitude correct is. We geloven er ook meer in dat die niet zal veranderen. De posities die we innemen worden extremer. Het eindresultaat is dat er nog heel weinig redenen overblijven om nog van gedachten te veranderen. Dit is veel sterker dan rationaliteit. Als we informatie krijgen die tegen onze overtuiging ingaat, zullen we die gewoon naast ons neerleggen, waardoor onze overtuiging nog hermetischer wordt afgegrendeld.

Waar de meesten onder ons als de dood voor zijn, is dat onze reputatie wordt geschaad en we gezichtsverlies lijden. Als je iemand rechtstreeks wijst op zijn fouten, is de kans groot dat hij zich nog meer ingraaft door zijn gedrag te verantwoorden, zeker als je hem vraagt hoe hij er in vredesnaam toe gekomen is om die fout te maken. Reken er maar niet te veel op dat hij zal toegeven dat hij verkeerd was. Die ingebakken reflex kunnen we misschien wel verklaren vanuit onze sociale geschiedenis. Onze voorouders leefden in kleine groepjes waarin iedereen elkaar kende en het belangrijk was om je reputatie intact te houden. Die reputatie was belangrijk om een partner te vinden, vrienden te hebben, in de hiërarchie op te klimmen, agressie te vermijden, kortweg om te overleven.

Hoe kun je dan mensen van mening doen veranderen zonder dat ze het gevoel hebben gezichtsverlies te lijden? Hier is een uitweg.

President Bush demonstreerde dat op het moment dat alle officiële rapporten uitwezen dat er geen massavernietigingswapens in Irak te vinden waren. Dat bracht Bush in een lastig parket. Hij heeft zich toen verdedigd door te zeggen dat hij geen verkeerde beslissing had genomen. Integendeel, hij had de juiste beslissing genomen, gegeven de informatie die hij had.

Wanneer iemand een fout maakt en je wilt niet dat die persoon zich nog meer ingraaft, kun je hem een uitweg bieden door begrip te tonen en erop te wijzen dat hij, gegeven de situatie en de informatie die toen beschikbaar was, juist heeft gereageerd. Dit opent de mogelijkheid om op een beslissing terug te komen door te verwijzen naar nieuwe informatie die intussen beschikbaar werd.

Hoe hoger je in de hiërarchie gaat, hoe vaker dit mechanisme bruikbaar is. Stel, je gaat naar het senior management om een voorstel te doen dat indruist tegen een eerder door hen genomen beslissing. Je kunt niet zomaar verwachten dat ze je voorstel aanvaarden, ook al zijn daar goede redenen voor. Consistentie is een kenmerk van goede leiders, weet je wel! Je kunt dan het volgende doen. Begin alvast met in de 'wij-vorm' te spreken zodat de ander niet de enige verantwoordelijke lijkt voor de vorige beslissing: 'We hebben toen voor die beslissing gekozen omdat het op dat moment het enige was dat we konden doen met de informatie die voorhanden was. Intussen weten we meer en ik stel voor dat we met dezelfde rechtlijnigheid verdergaan.' Vervolgens doe je je voorstel. De kans op acceptatie is nu veel groter.

Laat mensen intekenen op wenselijk gedrag

Een techniek die ik vaker gebruik bij trainingen is om bij het begin van een programma de deelnemers te vragen welke gedragsregels nuttig zijn om de training succesvol te maken. Die regels schrijf ik dan op een flip-over en gebruik die aan het eind van elke dag als evaluatie. Het feit dat de regels van henzelf komen, vergroot de kans dat ze zich er ook aan houden en dat de training inderdaad succesvol wordt. Je kunt dezelfde techniek gebruiken voor elke groep die regelmatig vergadert. Je vraagt de deelnemers om op basis van hun ervaring een lijst met 'grondregels' op te stellen. Aan het eind van elke vergadering ga je na in welke mate ze zich eraan gehouden hebben. Als je een volgende vergadering dan weer hetzelfde blad met regels ophangt en vraagt ze nog eens kort door te lopen, vergroot je meteen de kans dat ze zich zullen gedragen op een manier die consistent is met hun eigen regels. Doorgaans hoef je die procedure niet vaker dan twee- of driemaal te herhalen om de vergadercultuur blijvend te veranderen.

Hetzelfde principe, maar dan op een ander gebied. Doe aan het eind van de vergadering een rondje waarin ieder moet zeggen welke actiepunten hij/zij op zich zal nemen. Of: vraag ieder om zich afzonderlijk uit te spreken over de mate waarin hij/zij achter de beslissing staat die tijdens de vergadering is genomen. Ik heb dit met veel succes zien gebruiken in een bedrijf in de petroleumsector, waar het de gewoonte was dat na elk agendapunt een rondje 'duimen' werd gedaan. Ieder toonde dan zijn duim in een positie tussen naar beneden wijzend (= helemaal niet mee eens) tot helemaal naar boven (= helemaal mee eens). Een dergelijke werkwijze is zo veel krachtiger dan wanneer een voorzitter alleen zegt: 'Iedereen mee eens?' en er dan van uitgaat dat niet reageren gelijkstaat aan het ermee eens zijn.

Een variant hierop wordt vaak gebruikt op het terrein van veiligheid. Als bedrijf wens je dat je werknemers een aantal veiligheidsnormen tot de hunne maken en veiligheid niet zien als een verantwoordelijkheid van de veiligheidsfunctionaris of van het management. Een manier om dit doel te bereiken is vragen aan operationele mensen om in andere afdelingen in het bedrijf dan waar zij zelf werken, observaties te gaan doen over veilig gedrag. Ze moeten de mensen daar niet alleen aanspreken op onveilig werken, maar ook voorbeelden van het naleven van de veiligheidsregels onder hun aandacht brengen. Het principe is steeds hetzelfde: je nodigt mensen uit om energie te stoppen in gedrag dat je wenselijk vindt. Je kunt er dan op rekenen dat ze hun houding aan hun gedrag zullen aanpassen.

Een ander techniek die in dit rijtje thuishoort, is een variant van *hard to get*. Veronderstel dat je wilt dat iemand een extra verantwoordelijkheid op zich neemt. Je praat met hem/haar over wat er bij de nieuwe taak allemaal komt kijken. Je benadrukt daarbij hoe zwaar de verantwoordelijkheid is en dat je je best kunt voorstellen dat hij/zij daarvoor terugdeinst. De kans is groot dat de betrokkene jou (maar in de eerste plaats zichzelf) overtuigt van zijn/haar bereidheid om de extra lasten er allemaal bij te nemen.

Maak het nakomen of niet nakomen van afspraken zichtbaar
Ik leerde dit van een projectleider die vaak met externe onderaannemers werkte. Ze hadden een eigen projectlokaal. Alle afspraken die ze maakten, werden op een bord genoteerd met daarnaast de persoon die verantwoordelijk was en de tijd waarbinnen de afspraak moest worden nagekomen. Hij plakte daar telkens een groene of een rode sticker naast naargelang de afspraak inderdaad was nagekomen of niet. Na enige tijd hing er bij iedereen wel wat rood en groen. Maar wanneer er drie rode stickers na elkaar naast je naam zijn geplakt, zit er toch niet veel anders op dan te zorgen dat de volgende groen is.

Als je overweegt om deze techniek te gebruiken, moet je er wel voor zorgen dat je ook je eigen afspraken en het al of niet nakomen ervan zichtbaar maakt. Anders dreigt het alleen een sanctie te worden die zal leiden tot weerstand of, nog waarschijnlijker, die de bereidheid om zich te engageren zal verminderen. En dat kan toch niet de bedoeling zijn? De kans op het niet nakomen van afspraken kun je verminderen door zichtbaar te maken wie het wel of niet met een beslissing eens is. We kennen allemaal wel de volgende situatie.

Een vergadering. Een punt op de agenda is besproken. De voorzitter formuleert het besluit. 'Iedereen akkoord?' Geen reactie. Voorzitter wordt wat nerveus. 'Nogmaals, iedereen akkoord?' Er is dan altijd wel iemand die wat enthousiaster is dan de collega's en die knikt. Opluchting bij de voorzitter. 'Mooi zo. Dat is dan afgesproken.'

Over wishful thinking gesproken. De bekende regel 'wie zwijgt stemt toe' is echt niet nuttig. Kijk wat het verschil is wanneer de voorzitter een rondje doet en aan elk afzonderlijk vraagt: 'Rudy, ben jij het ermee eens of niet?' En zo het rijtje langs. Men bekent kleur. De voorzitter kan altijd nog kiezen wat hij hiermee doet.

Bouw speelruimte in

Mensen voelen zich gebonden door hun eerdere uitlatingen. Daarom moeten onderhandelingspartners voorkomen dat ze aan het begin van het gesprek meteen hun reëel gewenste eindposities op tafel leggen. Het is beter om hen aan te moedigen om in eerste instantie elkaar te informeren over hun onderliggende aandachtspunten en belangen, en om hun bereidheid naar elkaar uit te spreken om een brede waaier van mogelijkheden te verkennen. Vervolgens kun je je voorstellen plaatsen in het kader van wat je gesprekspartner als aandachtspunt naar voren heeft gebracht.

Hou je ook verre van het uiten van dreigementen of van een tactiek waarbij je je gesprekspartners voor het blok zet. In het beste geval kun je hiermee een akkoord afdwingen, maar of dit ook zal worden nageleefd, is een heel ander verhaal.

Gebruik etikettering

Ik kreeg van een klant het volgende mailtje: 'Ik weet dat je snel bent, dus kan ik van jou zo snel mogelijk de data van de training ontvangen? Dan kunnen we ze nog opnemen in ons programma.' Als je zo'n mailtje krijgt, geef toe, wordt het toch wel heel moeilijk om het nog een paar dagen te laten liggen, zeker als je zelf van snelheid een handelsmerk maakt.

De techniek van etikettering bestaat eruit dat je iemand een eigenschap, attitude, overtuiging of een ander wenselijk etiket opplakt en vervolgens een verzoek doet dat in overeenstemming is met dit etiket.

Henry Kissinger stond bekend als een van de bekwaamste onderhandelaars van zijn tijd. Toch was zelfs hij onder de indruk van de overredingskracht van de toenmalige Egyptische president Anwar Sadat. Deze was een expert in het bereiken van akkoorden, zowel met bondgenoten als met tegenstanders. Voor hij aan de onderhandelingen begon, vaak bij het welkomsdiner, vertelde hij indringend aan zijn tegenstanders dat zij en de burgers van hun land bekendstonden om hun coöperatieve houding en hun rechtvaardig karakter. Hierdoor plakte hij hun die kenmerken op waarvan hij wenste dat ze die tijdens de onderhandelingen tentoon zouden spreiden. Waar hij met dit soort vleierij op uit was, was niet zozeer het scheppen van een positieve sfeer, maar wel om de identiteit van zijn tegenstanders te beïnvloeden in een richting die hem goed van pas kwam. Zoals Kissinger het uitdrukte: Sadat was een succesvolle onderhandelaar omdat hij heel goed begreep dat hij zijn tegenpartij ertoe kon brengen om op zijn lijn te komen door ze vooraf een reputatie op te spelden die ze vervolgens moest waarmaken.

De toepassingen op het vlak van motivatie liggen voor het grijpen. Zelfvertrouwen van een medewerker kun je opkrikken door hem eraan te herinneren hoe volhardend hij wel is en door dit te illustreren met voorbeelden.

Sluit aan bij de cultuur
Het is aan te bevelen om de manier waarop je het consistentieprincipe hanteert, mede te laten afhangen van de cultuur waarin je werkt. We nemen twee uitersten. Omdat in de VS het individualisme de boventoon voert, is het daar effectief om te wijzen op individuele consistentie. Je brengt eerst in herinnering wat die persoon vroeger al heeft gedaan en doet hem dan een verzoek om nog iets meer te doen. In een Aziatische cultuur kun je beter verwijzen naar wat een groep eerder heeft gepresteerd om dan een nieuw verzoek aan die groep te doen. Aziatische culturen zijn immers vaak veel collectivistischer.

Ook het aansluiten bij een groepscultuur kan het leven gemakkelijker maken. Als je weet dat met het ouder worden het belang dat men hecht aan consequent zijn met zichzelf toeneemt, heb je ook een sleutel in handen om een oudere generatie warm te maken voor veranderingen. Jongere collega's kicken veel eerder op 'het nieuwe'. Bij een oudere groep zul je veel meer moeten benadrukken hoe de gewenste veranderingen in lijn liggen met hun vorige gewoontes, overtuigingen of manieren van doen.

9.3.5 DE TOEPASSINGEN OP EEN RIJTJE GEZET

1. Het akkoord of niet akkoord zijn zichtbaar maken.
2. Uitnodigen van mensen in een pilotproject.
3. Iemand die wellicht tegen een verandering is, uitnodigen om deel te nemen aan de stuurgroep die deze verandering voorbereidt en hem dan kleine taakjes toevertrouwen.
4. Een belangrijke klant uitnodigen om regelmatig bij het projectteam te komen zitten.
5. Bondgenootschappen smeden door kleine gunsten te vragen.
6. Een onderhandelingsstrategie opbouwen volgens het FID-principe.
7. Operators veiligheidsrondjes laten lopen.
8. Mensen vragen om een gedetailleerd actieplan op te schrijven en dit openbaar te maken.
9. Mensen toelaten om een 'bocht' te maken door hun redenen aan te reiken waarom hun vroegere denkbeeld heel legitiem was.
10. Vermijden om mensen rechtstreeks aan te vallen op hun voormalige posities: 'Hoe heb je dit ooit kunnen doen?'
11. Laten intekenen: duidelijk maken hoe zwaar of moeilijk een bepaalde verplichting wel zal zijn.
12. Ervoor zorgen dat je gesprekspartner zijn (tussen)akkoord opschrijft.
13. Klanten laten opschrijven waarom ze je dienst waarderen en vragen of je dit publicitair mag gebruiken.
14. Het niet nakomen van afspraken zichtbaar maken.
15. Ervoor zorgen dat deelnemers aan onderhandelingen zich niet gelijk in een hoek vastzetten.

9.4 Verboden en zeldzame vruchten smaken zoet: appelleren aan schaarste

9.4.1 WAARAAN HERKENNEN WE DE INVLOED VAN SCHAARSTE?

Schaarste is ook een knop die automatisch gedrag uitlokt wanneer hij wordt ingedrukt. Zodra we weten dat de voorraad van iets beperkt is of maar tijdelijk beschikbaar, wordt het des te aantrekkelijker. We willen het koste wat het kost. We kennen het fenomeen van promotiecampagnes of tijdens de koopjesdagen. Als een warenhuisketen een actie lanceert onder het motto 'op = op' en dat er precies 23.643 pc's te koop zijn tegen een spotprijs en geen enkele meer, dan is dat voldoende om iedereen naar de winkel te krijgen. Het principe werkt ook door associatie. Een product waarvan de prijs eindigt op een 9, bijvoorbeeld 9,99 euro, wordt automatisch geassocieerd met koopjes en bijgevolg met schaarste. Dat product verkoopt ook buiten de uitverkoop beter dan wanneer de prijs 10 of zelfs 7,88 euro is.

Hetzelfde gebeurt wanneer we een woning willen kopen. Grote makelaarssites versterken dat effect nog, omdat iedereen meteen over dezelfde informatie beschikt en zo de indruk wordt gewekt dat je heel snel moet reageren, wil je in aanmerking komen voor je droomhuis. Als je dan een afspraak hebt om het huis te bezichtigen, merk je dat je niet de enige bent. De concurrentie wordt aangewakkerd en je drang om dat huis te kopen ook. De verkoper kan daar nog een schepje bovenop doen door alle potentiële kopers tegelijk uit te nodigen en de geïnteresseerden te vragen ter plaatse hun bod in een envelop af te geven.

Een prachtig voorbeeld hiervan zag ik bij een salesmanager van een staalbedrijf. Misschien herinner je je dat in 2005 de staalprijzen ineens met 25 procent stegen door de explosief groeiende vraag uit China en door transportproblemen. Het nieuws van de prijsstijging was al breed in de kranten uitgemeten, voordat hij de situatie met zijn klanten had kunnen bespreken. De pers was hem te snel af geweest. Uiterst vervelend. Bij elk klantenbezoek kreeg hij de prijsstijging meteen voor zijn kiezen. Het ging om enorme bedragen waarbij je die 25 procent niet in een handomdraai van tafel kunt vegen. Steeds verliet hij het gesprek met een bittere nasmaak.
De kentering kwam toen hij zich realiseerde dat hij op weg was naar klanten met de angst dat hij weer gedonder zou krijgen, dat hij vervolgens ook kreeg. 'Als ik mijn angst buiten beschouwing laat,' dacht hij, 'wat zou voor de klant dan het allerergste zijn?' Dat was duidelijk: erger dan 25 procent meer te betalen, is het om helemaal geen staal te hebben. De schaarste en de transportproblemen waren reëel. Dus begon hij vanaf dat moment zijn gesprekken door te benadrukken dat

hij met de beste wil van de wereld niet kon garanderen dat hij volgend jaar voldoende staal zou kunnen leveren. Toen was de 25 procent niet meer het belangrijkste gespreksonderwerp. Dan maar die hoge prijs, zo reageerden de klanten, als ze maar genoeg staal kregen.

9.4.2 Welk principe gaat erachter schuil?

Het principe achter schaarste als beïnvloedingsstrategie is dat mensen willen wat ze niet makkelijk kunnen krijgen. We kunnen ons makkelijk voorstellen dat ook dit mechanisme terugwijst naar een overlevingsstrategie. Wanneer goederen zoals voedsel schaars zijn, is het van belang om jouw deel veilig te stellen. De aanwezigheid van andere kapers op de kust versterkt die drang.

Hetzelfde principe zien we bij wat psychologen 'reactantie' noemen. Als onze keuzevrijheid wordt ingeperkt – de gedragsalternatieven worden dus schaars – roept dit automatisch een reactie op om de beperking ongedaan te maken en de keuzevrijheid te herstellen. Ouders die hun kinderen wel eens hebben verboden naar een feestje te gaan of hebben geprobeerd om zelf het tijdstip te bepalen waarop hun schatten van een feestje thuis moeten zijn, weten precies waarover ik het heb.

9.4.3 Wat leert onderzoek ons over de impact van schaarste?

In de VS wordt het honorarium van advocaten vaak berekend op basis van de hoeveelheid geld die ze voor hun cliënt in de wacht slepen. Of een aangeklaagde al dan niet verzekerd is, maakt verschil in het bedrag van de boete waartoe hij gemiddeld wordt veroordeeld. Mensen die een verzekering hebben, worden vaak tot een hoger bedrag veroordeeld. Omdat dit algemeen bekend is en goed gedocumenteerd, is het voor advocaten in sommige staten verboden om bij juryrechtspraak te vermelden of de aangeklaagde al dan niet verzekerd is. Een bekende advocatentruc is om 'op een onbewaakt moment' toch te laten vallen dat de aangeklaagde verzekerd is. De rechter is dan bij wet verplicht om aan de juryleden te zeggen dat ze die informatie moeten negeren. Onderzoek naar de resultaten van zo'n tussenkomst zijn bijzonder interessant.

Het werk van Broeder toonde aan dat wanneer een aangeklaagde niet verzekerd was, hij gemiddeld een boete kreeg van 33.000 dollar.

Was de beschuldigde wél verzekerd, dan bedroeg de gemiddelde boete 37.000 dollar. Maar wanneer de rechter tussenbeide was gekomen en de jury had opgedragen de informatie over de verzekering van de verdachte te negeren, steeg dit bedrag tot 46.000 dollar. Door het feit dat ze geen rekening mochten houden met bepaalde informatie, werd het heel aantrekkelijk om dat wel te doen.

Een ander onderzoek vond plaats in de vleesindustrie. Een grote importeur en distributeur van Australisch vlees belde zijn klanten op telkens wanneer hij ergens een grote partij had kunnen kopen. Hij gaf informatie over de kwaliteit en de prijs en vroeg hoeveel hij voor hen moest reserveren. Op basis van zijn ervaring wist hij ongeveer hoeveel dit was.

Ten tijde van het onderzoek was hij te weten gekomen dat er een grote droogte werd verwacht, waardoor er het volgende jaar veel minder Australisch vlees op de markt zou komen. Wanneer hij dit aan zijn klanten vertelde, bestelden ze opeens de dubbele hoeveelheid. Als hij erbij vertelde dat hij door zijn exclusieve contacten met de Australische meteorologische dienst wist dat er een droogte op komst was, steeg de hoeveelheid vlees die klanten bestelden tot het zesvoudige. In het laatste geval was immers niet alleen het vlees schaars, maar ook de informatie over de schaarste was schaars. Er werd dus tweemaal op de knop schaarste gedrukt.

Een ander voorbeeld. Deelnemers aan een onderzoek krijgen een doos met koekjes die ze kunnen proeven en dan beoordelen. Sommige deelnemers vinden tien koekjes in hun doos, andere slechts twee. Alle koekjes komen oorspronkelijk uit dezelfde container. Personen die er slechts twee kregen, beoordelen ze als aantrekkelijker, lekkerder en wellicht duurder dan degenen die een grote hoeveelheid van dezelfde koekjes kregen. Minder betekent kennelijk beter.

Het effect wordt nog versterkt wanneer er kapers op de kust zijn. Dit is de derde groep proefpersonen. Zij krijgen eerst een doos met tien koekjes, maar die wordt al snel vervangen door een doos met twee koekjes. De verklaring die daarbij wordt gegeven is: 'Ik kan je die tien koekjes niet geven, doordat andere deelnemers aan de studie zo aan

mijn kop zeuren om meer koekjes, dat ik je er slechts twee kan geven.'
Nog aantrekkelijker, die twee koekjes, nog lekkerder en wellicht nog
duurder.

Een praktijkvoorbeeld van het effect van 'reactanctie'.

Een paar jaar geleden besloot de gemeente Miami om het gebruik en zelfs het bezit van fosfaathoudende schoonmaakmiddelen te verbieden. Kort daarna werd aan de inwoners gevraagd wat ze vonden van fosfaathoudende schoonmaakmiddelen. Hun mening werd vergeleken met die van de inwoners van Tampa, een andere grote stad in Florida. En reken maar, plotseling vonden de mensen uit Miami producten met fosfaten zachter werken, effectiever in koud water, betere witmakers, frisser, krachtiger tegen vlekken, enzovoort. Nadat even later de wet ook in Tampa was aangenomen, vonden de bewoners de bewuste schoonmaakmiddelen zelfs vloeibaarder en gemakkelijker om uit te gieten.

Het proces dat hierachter schuilgaat is het volgende. Wanneer onze vrijheid om iets te hebben wordt beperkt, komt dit item minder beschikbaar en voelen we ons er meer door aangetrokken. Om vervolgens zin te geven aan ons toenemende verlangen, beginnen we het item positieve karaktereigenschappen toe te kennen die ons verlangen ernaar verantwoorden. Want de mens moet toch consequent zijn. Of niet soms?

9.4.4 Hoe gebruik je schaarste in een professionele context?

Vermeld de risico's van non-acceptatie
Wanneer we een voorstel doen, sommen we automatisch de voordelen ervan op. Daar is natuurlijk helemaal niets tegen. Integendeel. We kunnen echter meer doen dan dat.

De basis van de redenering is dat mensen doorgaans meer worden gemotiveerd door het vermijden van iets negatiefs dan door het verwerven van iets positiefs. Als er aan een voorstel voordelen zitten, zijn er logischerwijze ook nadelen verbonden aan het niet volgen van het voorstel. Wanneer je behalve de voordelen ook de zaken opsomt die nadelig zijn wanneer het advies niet wordt opgevolgd, duw je op de schaarsteknop. Het zou jammer zijn om die kans te laten liggen. We hebben dit al vermeld toen we spraken over wat we 'strategieën voor de linker hersenhelft' hebben genoemd. We wezen daar ook op de spelregel om niet alleen te spreken over gevaren, maar ook concrete hulpmiddelen aan te reiken om met die gevaren om te gaan.

Creëer een 'sense of urgency'
Het besef dat er snel gereageerd moet worden om een voordeel binnen te harken of om een gevaar te vermijden, zet aan tot actie. Je kunt dit mechanisme gebruiken door te benadrukken dat je voorstel maar een beperkte tijd geldig is. Dit zal des te krachtiger werken naarmate je ook kunt verwijzen naar concurrentie binnen of buiten het bedrijf: als je publiek niet op je voorstel ingaat, wie zal het dan wél doen?

Blijf eraan denken dat tijd misschien wel het belangrijkste goed is in organisaties en bijzonder schaars. Wees niet te gul met het beschikbaar stellen van je tijd voor anderen. Wanneer je anderen laat merken hoe schaars je tijd is, wordt elke beschikbaarheid daarvan als een geschenk geïnterpreteerd en wordt op de knop van 'wederkerigheid' gedrukt. Elektronische agenda's die door een aantal mensen ingekeken kunnen worden, maken het mogelijk deze schaarste goed in te schatten.

Maak je beschikbaarheid schaars
Eerder in dit boek hebben we vastgesteld dat we mensen die tijd voor ons hebben sympathieker vinden. Anderzijds knaagt het hebben van veel tijd aan hun autoriteit, waardoor ze minder impact hebben. De combinatie van beide elementen ligt voor de hand: wanneer je aan mensen duidelijk kunt maken dat je heel weinig tijd hebt en toch tijd voor ze uittrekt, duw je op beide knoppen tegelijk.

Een laatste punt. Als je nieuwe informatie krijgt die voor iemand van doorslaggevend belang is, geef die dan onmiddellijk door. Voeg er wel aan toe hoe nieuw of exclusief die informatie is. Daardoor maak je de informatie schaars en speel je tegelijk in op het principe van wederkerigheid.

9.4.5 DE TOEPASSINGEN OP EEN RIJTJE GEZET

1. Vermeld wat je gesprekspartners verliezen wanneer ze je ideeën niet aanvaarden.
2. Voeg twee of drie specifieke methodes toe waarmee ze potentieel verlies kunnen vermijden.
3. Geef een primeur van informatie onmiddellijk door aan sleutelfiguren en vermeld het exclusieve karakter van deze informatie.
4. Geef aan tot hoe lang je voorstel geldig is.
5. Maak zichtbaar dat meerdere prestigieuze partijen om je tijd en beschikbaarheid strijden.
6. Vermijd om gesprekspartners voor voldongen feiten te plaatsen.
7. Stimuleer de behoefte om iets extra's te doen door het gerucht te verspreiden dat het wellicht binnenkort verboden wordt of niet meer beschikbaar is.

10 Omegastrategieën: hoe verminder je de weerstand tegen je ideeën?

Even terug naar het algemene schema voor dit deel. Het uitgangspunt was dat de meeste situaties tweezijdig zijn: ze hebben zowel potentiële voor- als nadelen. Beide aspecten zijn herkenbaar in ons gedrag. Ook dat is het resultaat van twee tegengestelde krachten: toenaderingskracht en vermijdingskracht. De alfastrategieën waren erop gericht om de toenaderingskracht te versterken: hoe maken we ons voorstel aantrekkelijker?

De omegastrategieën grijpen in op de tweede pool. De vraag is wat je kunt doen om de weerstand van iemand te verminderen. Hoewel er rond deze strategieën tot nu toe veel minder systematisch onderzoek werd gedaan, is er toch een aantal heel praktische technieken bekend die je zeer makkelijk in vrijwel elk gesprek kunt gebruiken.

10.1 Contrast doet wonderen

10.1.1 Waaraan herkennen we de invloed van contrast?

Sommige makelaars zijn meesters in beïnvloeding. Omdat ze weten dat mensen meestal een precies idee hebben van wat ze willen, stuiten ze vaak op weerstand wanneer de voorgestelde woning niet helemaal voldoet aan alle gewenste criteria. Daarom hanteren ze een handig trucje. Bij een eerste afspraak bespreek je met de makelaar wat voor woning je op het oog hebt, in welke streek, welke oppervlakte, welk budget, enzovoort. Op basis van die criteria gaat de makelaar door zijn bestand en komt tot het besluit dat hij een woning naar jouw wensen heeft gevonden. Wat hij nu nog moet doen, is ervoor zorgen dat jij die ook koopt. Hij neemt je daarvoor mee naar een huis dat eigenlijk helemaal niet beantwoordt aan jouw verwachtingen. Je maakt dit duidelijk en de makelaar reageert wat verbaasd omdat hij blijkbaar niet helemaal heeft begrepen wat je in gedachten had. Vervolgens toont hij je een andere woning die al wat meer aansluit bij jouw wensen, maar toch nog niet helemaal aan de eisen voldoet. De makelaar is van goede wil en toont je ten slotte een huis dat wel beantwoordt aan jouw eisen. Enthousiasme alom.

Je kunt je afvragen waarom de makelaar zich al die moeite getroost, wanneer hij perfect weet wat je oorspronkelijk bedoelde. Hij weet echter drommels goed dat hij niet de enige makelaar is in dit deel van de wereld, en dat andere kantoren je hetzelfde type woning kunnen aanbieden. Daarom wil hij er zeker van zijn dat je bij hem koopt. Door contrast te creëren met een woning die helemaal niet ter zake doet, wekt hij de indruk dat jouw eisen niet zo voor de hand liggen en je eigenlijk geluk hebt dat er zo'n woning te koop staat. Dat maakt het voor jou extra aantrekkelijk. Want zo werkt contrast:

Als het tweede element verschilt van het eerste, nemen we het waar als meer verschillend dan het werkelijk is.

Als je er nog lang niet aan denkt om ook daadwerkelijk een huis te kopen, ziet de situatie er anders uit. Om terug te gaan naar de analogie met de visser: dan vis je voor je plezier maar niet om vis te vangen. De tactiek van de makelaar zal in dat geval geen succes hebben. Wil je koste wat het kost een huis kopen, dan vraag je er onbewust naar om gevangen te worden.

Een ander voorbeeld van hetzelfde principe werd meesterlijk ten uitvoer gebracht in het Watergateschandaal dat begin jaren zeventig in de VS voor heel wat beroering zorgde. Je weet nog wel dat de Republikeinen in de aanloop naar de verkiezingen het hoofdkwartier van de Democraten bespioneerden via afluisterapparatuur. Het idee kwam van Gordon Liddy, die in het verkiezingscomité van Richard Nixon zat. Wat voorafging aan de spionage, verliep als volgt. Toen het comité samenkwam om uit te zoeken hoe ze de democraten te slim af konden zijn bij de volgende verkiezingen, kwam Liddy met een goed uitgewerkt voorstel op de proppen dat bestond uit drie stappen. Als eerste stap stelde hij voor om in te breken in het hoofdkwartier van de Democraten en er afluisterapparatuur te installeren. Als tweede stap dacht hij dat het een goed idee was om een jacht te huren met prostituees en de Democraten tijdens een uitstapje te compromitteren. Als laatste stap konden ze het verkiezingsvliegtuig van de democraten volgen met een spionagevliegtuig en alles afluisteren. Het voorstel zou in totaal 1 miljoen dollar kosten. Het comité verklaarde hem voor gek en het pakket werd met één beweging van tafel geveegd.

Aangezien Liddy het klappen van de zweep kende, kwam hij na enige tijd met een tweede voorstel. Hij gaf toe dat het spionagevliegtuig misschien wat te complex was en stelde voor om het enkel bij de twee eerste stappen te houden. Overigens zou dat ook een flink stuk minder kosten. Het comité liep nog steeds niet warm voor het idee en stuurde Liddy opnieuw weg. Maar Liddy gaf niet op en kwam een tijdje later terug met een derde voorstel. Hij had er nog eens over nagedacht en opperde het idee om alleen het eerste deel van zijn oorspronkelijke voorstel in overweging te nemen. De kostprijs bedroeg bovendien nauwelijks een kwart miljoen dollar. Het voorstel werd aanvaard.

De drie voorstellen maakten deel uit van eenzelfde strategie. Als hij onmiddellijk met het derde voorstel was komen aandraven, zou dit heel kritisch bekeken worden. Hij dacht dat zijn kansen op succes groter waren als hij het voorstel in contrast plaatste met andere voorstellen die heel waarschijnlijk niet aanvaard zouden worden. Het voordeel van contrastwerking hier was dat het laatste voorstel plotseling veel aantrekkelijker leek dan wanneer hij het los van het andere had voorgesteld.

Contrast werkt ook bij de wederkerigheidsstrategie waarin een verkoper eerst een heel duur product toont alvorens een goedkope variant voor te stellen. Het product lijkt goedkoper dan het in werkelijkheid is, doordat de klant eerst het heel dure product heeft gezien. Je bent vast ook vertrouwd met volgende variant. Stel je koopt een pak van pakweg 1000 euro. Als dit rond is, start fase twee van de verkoop: een overhemd misschien? In vergelijking met het pak gaat het om een klein bedrag. Dus waarom niet. En heel aardig bij het overhemd is misschien deze das. Een nog kleiner bedrag. En zo kan het nog even doorgaan. Het punt is dat de verkoper na elke deelaankoop niet even naar de kassa loopt om voor je uit te rekenen hoeveel het totaalbedrag intussen geworden is. De nieuwe kleinere bedragen worden geïsoleerd van het grote en lijken daardoor prikjes. Als je later thuis de rekening nog eens bekijkt, is het toch te laat en vind je vast een heel aannemelijke verklaring. Dit mechanisme wordt bijzonder interessant wanneer je je realiseert dat de impuls om iets te kopen aanmerkelijk wordt vergroot wanneer er een contrast wordt gemaakt tussen het kleine getal van de aankoopprijs en hoge getallen die met de prijs helemaal niets te maken hebben. Een voorbeeld: '80.000 mensen kochten dit apparaat van 30 euro' of: 'Er zijn 200 manieren om dit toestel van 8 euro te gebruiken.'

Wie twijfels heeft over het intellect van sommige mensen die een huis zoeken of er niet helemaal van overtuigd is dat de leden van het verkiezingscomité van Nixon wel op de juiste plaats zaten omdat ze in beide gevallen in een zo doorzichtige tactiek trapten, geven we nog een voorbeeld uit de bedrijfscontext.

Een tijdje geleden zat ik bij Greet, een personeelsdirecteur die haar frustratie uitte over de praktijken van headhuntersbureaus. Ze had net iets meegemaakt wat haar behoorlijk had geïrriteerd. Een groot internationaal bureau had haar uitgenodigd naar Slowakije te komen om enkele kandidaten te zien. Zij vloog er dus speciaal heen om te zien wie het bureau voor haar had geselecteerd. Er waren vier kandidaten. De eerste beantwoordde in de verste verte niet aan de criteria. Greet ontstemd. Tenslotte had ze nog wel andere dingen te doen. Op haar vraag waarom ze zo iemand lieten opdraven, zei de consultant dat ze haar een goed beeld wilden geven van de markt. De volgende twee kandidaten waren iets beter dan de eerste, maar hadden nog totaal niet het profiel waarop de directeur zat te wachten. Uiteindelijk werd ze voorgesteld aan de laatste kandidaat. Die bleek wel te beantwoorden aan haar verwachtingen. Het curieuze was dat Greet weliswaar geïrriteerd was, maar toch instemde met de laatste kandidaat.

Als je denkt dat deze situatie te gek is om los te lopen, blijft het toch een vreemd gegeven dat een groot internationaal headhuntersbureau zo'n strategie durft te gebruiken bij een goede klant. Misschien zijn ze gewoon slim of kennen ze de resultaten van talrijke studies die het succes staven van contrastwerking als strategie.

Nog een interessant gebruik van contrast uit de reclamewereld. Je kunt de geloofwaardigheid van je (reclame)boodschap verhogen door een positief kenmerk van je product te verbinden aan een minder belangrijke negatieve eigenschap: 'Ons restaurant is klein maar gezellig.'

Zoals het ook bij de alfastrategieën het geval was, is het best mogelijk dat het gebruiken van deze techniek ons een oncomfortabel gevoel geeft. Als we over de situatie nadenken, kunnen we ons immers niet voorstellen dat we ons door zoiets simpels zouden laten vangen. Maar automatische reacties worden niet aangestuurd door ons denken, maar door andere wetmatigheden. Zodra een situatie beantwoordt aan die wetmatigheden, krijgen we een automatische reactie.

10.1.2 Welk principe gaat erachter schuil?

Als het gaat om onze mentale energie, zijn we ingesteld op zuinigheid. We zijn geneigd om niet meer te doen dan nodig is. Dit principe geldt ook als het om ons geheugen gaat. Tenzij ons geheugen echt op de proef gesteld wordt, hebben we de neiging om vooral op recente ervaringen te reageren. Als ons twee zaken worden voorgesteld die van elkaar verschillen, wordt het contrast tussen beide nog groter, omdat we alleen die twee zaken met elkaar vergelijken en niet verder in het verleden teruggaan. Dat is heel vergelijkbaar met hoe we op koopjes reageren. Wat onze aandacht trekt, is de vergelijking tussen wat staat aangekondigd als de nieuwe versus de oude prijs. Weinigen van ons nemen de moeite om pakweg een maand voor de koopjesperiode prijzen in winkels te gaan noteren om die vervolgens bij de beoordeling van 'het koopje' te betrekken.

10.1.3 Hoe gebruik je contrast in een professionele context?

Behalve voor commerciële doeleinden zoals hierboven beschreven, kunnen we het contrastprincipe ook in een minder commercieel gerichte bedrijfscontext voor ons laten werken.

'Never walk behind the band'
Wanneer ik op een congres moet spreken, zorg ik ervoor dat ik ongeveer in het midden van het ochtend- of middagprogramma word geplaatst. Wanneer je weet dat het publiek op één dag al snel een twintigtal pre-

sentaties en enkele honderden PowerPoints voor de kiezen krijgt, weet je dat ze niet alles zullen vatten. Als ik dan toch helemaal naar de VS vlieg om er twintig minuten te spreken, vind ik het mooi meegenomen dat mensen zich herinneren waarover ik het had. Wanneer ik dan een reden verzin waarom het niet anders kan dan dat ze mij in het midden van een sessie plaatsen, is dat vaak niet echt een eerlijke. Het punt is echter dat het mij niet te doen is om het plezier van het vissen, maar om de vis. In dit geval de aandacht van mijn publiek. Om die reden word ik uitgenodigd (hoop ik toch) en om die reden ga ik ook. Daarom zal ik alle zeilen bijzetten die me daarbij kunnen helpen. Bovendien zal ik tijdens mijn presentatie nog eens alle technieken gebruiken die nodig zijn om het doel te bereiken. Steevast zal ik mijn publiek verrassen door wat met ze te doen, bijvoorbeeld een experimentje in plaats van alleen maar tegen hen aan te kletsen, zoals wellicht mijn voorgangers en hopelijk ook de zeer geachte collega's die na mij komen. Hopelijk heb ik ook wel wat te melden. En dit laatste is precies de reden waarom ik dit soort grappen uithaal. Ik vind wat ik te vertellen heb belangrijk genoeg dat ernaar geluisterd wordt. Vandaar: contrast.

Ter verduidelijking van de wat vreemde titel van deze paragraaf. Tijdens congressen worden vaak zogenaamde *key note speakers* opgevoerd, personen die iedereen live wil meemaken. *Never walk behind the band.* Dat is de wijze raad om nooit vlak na een ster op te treden. Je kunt alleen maar verbleken.

Een variant. Of je dit wenst of niet, als je chef wordt van een team, zul je altijd vergeleken worden met je voorganger. Verschillen in welke richting ook worden uitvergroot. Als je een heel populair iemand opvolgt, doe je er goed aan om de overgang tussen je voorganger en jezelf duidelijk te markeren. Je kunt de verschillen beter zelf nadrukkelijk aanduiden, dan ze over te laten aan het geruchtencircuit.

Bewaak je timing
We hebben het hierboven al beschreven. Als je wilt dat je voorstel impact heeft, is niet alleen de kwaliteit belangrijk. Het is het verhaal van gelijk hebben en gelijk krijgen. Als je weet hoe contrast werkt, weet je meteen hoe belangrijk de timing is. Laat een vergadering over

een moeilijke beslissing waarbij meerdere partijen betrokken zijn maar rustig wat aanmodderen. Als het gesprek vastloopt en iedereen bovendien moe en gefrustreerd is, doe dan, en alleen dán je voorstel. Onderhandelaars weten dit maar al te goed.

Nog een tweede tip. Uit onderzoek weten we dat mensen vaak de belangrijkheid van informatie onbewust afleiden uit de tijdsduur. Hoe langer en uitvoeriger iets wordt toegelicht, hoe belangrijker het lijkt. Je kunt dit effect bespelen door in een vergadering relatief veel tijd uit te trekken voor onderwerpen die je belangrijk vindt, en onderwerpen waarvoor je maar korte tijd voorziet erop te laten volgen.

10.2 De langste weg is vaak de kortste

De elegantste manier om met weerstand om te gaan die bovendien de minste nadelige bijeffecten heeft, is de onrechtstreekse benadering. Wat je hiermee beoogt, is ofwel voorkomen dat je weerstand ondervindt, ofwel die te laten wegsmelten zonder dat je relatie en je geloofwaardigheid bij je gesprekspartner gevaar lopen.

10.2.1 Herdefinieer de relatie

Stel, je bent thuis tijdens het weekend en er komt iemand aanbellen die je nooit eerder hebt gezien. De persoon in kwestie vraagt of je een half uurtje tijd hebt voor een interessant voorstel dat hij voor je heeft. Omdat de situatie meteen gedefinieerd wordt in termen van beïnvloeding, namelijk iemand die je iets wil verkopen, is de kans klein dat je staat te springen van enthousiasme. Zodra je in de gaten hebt dat iemand je iets probeert aan te praten, treden je defensiemechanismen meteen in werking.

Hoe kun je dan, zonder meteen een drempel voor de ander op te trekken, het gesprek een andere kleur geven die niet geassocieerd wordt met beïnvloeding?

Doorgaans is het veel makkelijker om via informele contacten en gesprekken invloed uit te oefenen dan via formele. Zodra je een gesprek een formeel karakter geeft, is het meteen voor iedereen duidelijk dat er ideeën aan de man gebracht moeten worden. Wanneer er verschillende belangen op het spel staan, zijn deelnemers meteen op hun hoede, waardoor het moeilijker wordt om ze te beïnvloeden. In de gang, aan de koffiemachine of tijdens de lunch kun je dus veel beter een kritisch onderwerp aansnijden dan wanneer je iemand uitnodigt om er even samen voor te gaan zitten.

Soms loont het de moeite om informeel contact te organiseren. Iemand vertelde me dat hij ervoor zorgde dat hij wist wanneer zijn directeur op zakenreis vertrok (een goede relatie met secretaresses is goud waard). Bovendien plande hij zijn eigen activiteiten zo dat hij 'toevallig' precies voor het vertrek van zijn chef naar de luchthaven net in de buurt was, zodat hij kon voorstellen dat hij hem wel even zou wegbrengen. Hij wist uit ondervinding dat wanneer je naast iemand in de auto zit, het veel gemakkelijker is om met elkaar zaken te doen dan wanneer je tegenover elkaar zit in een kantoor.

10.2.2 Gebruik verhalen en anekdotes

Ik wil hier absoluut een zijsprong maken naar verhalen en anekdotes, omdat die meer dan elke andere techniek de mogelijkheid geven om van invalshoek te veranderen en daardoor zo ongelooflijk sterk zijn bij beïnvloeding. Vraag dit maar aan advocaten die in strafzaken pleiten voor een volksjury.

Verhalen zijn bijzonder efficiënt bij beïnvloeding om drie redenen.

Verhalen worden gezien als amusement, niet als beïnvloeding.
Mensen houden erg van verhalen, eigenlijk zijn we er voortdurend naar op zoek. Denk maar aan onze voorliefde voor romans, films, theater en televisieseries. Daarom zijn verhalen bijzonder geschikt om boodschappen over te brengen. Denk bijvoorbeeld aan de sitcoms uit de jaren tachtig waarbij de aflevering zeer vaak eindigde met een zedenles, er was een moraal van het verhaal. Dat procedé is bijzonder oud. Je vindt het in de Griekse tragedie, maar het bekendste voorbeeld is Jezus Christus, die moraliteit en religie onderwees via parabels. Verhalen werken op dit vlak zo goed omdat mensen er niet naar luisteren of kijken met het idee dat ze beïnvloed worden, maar veeleer omdat ze verwachten onder-

houden te zullen worden. Een film als *Million Dollar Baby* beïnvloedt inzake euthanasie, *Philadelphia* op het vlak van discriminatie van aidspatiënten, *Platoon* dient als antioorlogsboodschap, en dat doen die films veel beter dan toespraken of informatiecampagnes.

Verhalen gaan om de logica heen en maken het aanvoeren van tegenargumenten bijzonder moeilijk.
Verhalen gaan vaak over ervaringen van andere mensen, of ze nu echt zijn of niet. Het is bijzonder moeilijk om te argumenteren tegen de ervaringen van fictieve of echte mensen. Bovendien houden de meeste verhalen zich ver van expliciete boodschappen en argumenten, en daarom bieden ze geen houvast om ertegen in te gaan. Als er niets wordt geargumenteerd, valt er ook niets tegen te argumenteren.

Verhalen zorgen voor identificatie met personages en verhogen de betrokkenheid.
We hebben geleerd om ons te identificeren met personages in verhalen, en zo wordt onze betrokkenheid bij die personages heel groot. We worden meteen veel ontvankelijker voor wat er met ze gebeurt en voor de daarbij horende impliciete boodschap. Voorwaarde is uiteraard dat het in je verhaal gaat over personages in wie je publiek zich kan inleven. We leren te houden van personages, en zoals we zagen bij de bespreking van het mechanisme van sympathie, laten we ons ook veel makkelijker overtuigen door mensen van wie we houden.

Hier is een experiment.

Een groep mensen kreeg een deel uit een kort verhaal te lezen, waarna ze vragen moesten beantwoorden. Dit is een uittreksel uit zo'n verhaal, 'Moord in het winkelcentrum':

> *Christientje trok aan Lores mouw om haar aandacht te trekken op de draaimolen. Ze smeekte om erheen te mogen gaan. Terwijl ze Katie bij de anderen achterliet, gingen Lore en haar jongere zusje naar de draaimolen. Op het moment dat ze daar aankwamen, hoorde Lore ergens achter zich een gestommel en toen een schrille kinderkreet. Ze draaide zich om, liet Christientjes handje los en stapte een paar*

meter in de richting van het lawaai. Mensen renden in alle richtingen in een poging weg te komen van een grote man die over een gevallen meisje gebogen stond. Zijn rechterarm haalde voortdurend naar haar uit. Ondanks de plotselinge verbijstering besefte Lore onmiddellijk dat het ineengedoken kind aan de voeten van de woesteling Katie was. Eerst zag ze enkel de arm, en toen realiseerde ze zich plots dat in de hand een lang, bloederig voorwerp zat. Het was een jachtmes, ongeveer dertig centimeter lang. Met al zijn macht, op en neer, op en neer, met snelle mechanische bewegingen hakte de man in op de hals en het gezicht van Katie.

Uit het niets doken plots twee mannen op die zich luid roepend op de moordenaar gooiden. Ze probeerden hem te bedwingen maar er was geen houden aan. Met psychotische vastberadenheid bleef hij Katie met zijn mes bewerken. Zelfs toen een van de mannen hem hard in het gezicht begon te trappen, leek hij niets te merken hoewel de trappen zijn hoofd van links naar rechts gooiden. Een politieman kwam aangelopen en greep de hand met het mes en pas toen slaagden de drie mannen er samen in om de maniak onder controle te houden en hem op de grond te dwingen...

Het verhaal vervolgt met de aangrijpende beschrijving van Katies laatste momenten en we komen te weten dat haar aanvaller een psychiatrisch patiënt was, die ondanks zijn gewelddadig verleden een dag vrij gekregen had. De lezers werd gevraagd in welke mate ze met het verhaal hadden meegeleefd en wat ze van de personages vonden. Vervolgens kregen ze enkele stellingen te lezen waarvan ze moesten aangeven in welke mate ze het daarmee eens waren. Een van die stellingen was: 'Psychiatrische patiënten die in een instelling verblijven, moeten het recht hebben die instelling overdag te verlaten.' De lezers van het verhaal stonden veel negatiever tegenover die uitspraak dan personen die het verhaal vooraf niet hadden gelezen.

10.2.3 Laat slapende honden rustig slapen

Doorgaans is het zo dat mensen defensief worden wanneer hun inbreng wordt verworpen. Het gevoel van verwerping is een knop die de weerstand acuut de hoogte in jaagt.

Ik herinner me goed dat ik aan het begin van mijn carrière in het hoofdkwartier van een chemisch bedrijf deelnam aan een vergadering met een aantal collega-consultants over het opzetten van een opleidingstraject. Tegenover mij zat een Engelsman die weliswaar bijzonder taalvaardig was, maar wiens voorstel ik echt niet zag zitten. Dus zei ik hem dat met zoveel woorden. Want: lang leve de duidelijkheid. Er viel meteen een ongemakkelijke stilte. Na de vergadering sprak de voorzitter me aan. Hij vroeg me om alsjeblieft nooit meer op een dergelijke manier te reageren. Ik reageerde enigszins verontwaardigd en benadrukte dat ik het er op dat moment echt niet mee eens was. Het enige wat hij zei, was: 'Er zijn andere manieren om het oneens te zijn.'

Vanaf dat moment ging ik observeren hoe ze het in dat bedrijf met elkaar oneens waren. De meest gebruikelijke manier was dat ze aan iemand vertelden: 'Voortbouwend op uw idee...' en vervolgens hun visie gaven, die vaak een totaal andere richting uit ging. Het klonk dus alsof ze het ermee eens waren, terwijl ze toch tegen de ander ingingen. Ze suggereerden een verband tussen beide voorstellen om de ander niet te diskwalificeren. Doordat ik later in Azië ging werken, waar het voorkomen van gezichtsverlies van essentieel belang is, heb ik die manier van doen nog meer leren waarderen.

Een andere techniek om het met iemand oneens te zijn zonder diens mening te diskwalificeren, werd mij geleerd door een lokale politicus bij ons in het dorp. Omdat die mensen telkens weer gekozen moeten worden, hebben ze zich een aantal overlevingsstrategieën eigengemaakt die hen in staat stellen een bepaalde politiek te voeren zonder mensen onnodig voor het hoofd te stoten.

Dit was de situatie: achter de tuinen in onze straat ligt een enorm veld dat sterk afhelt. Monocultuur zorgt ervoor dat bij hevige regenvlagen de klei naar beneden wordt gesleurd en in onze tuinen terechtkomt. Hier moest nu maar eens een oplossing voor worden gevonden. Er werd een vergadering opgetuigd met de buren en de plaatselijke politicus. Mijn buurvrouw is een juriste die zich sterk maakte voor het standpunt dat de boer die het veld bewerkte aansprakelijk was, en dat we het best een rechtszaak tegen hem konden beginnen. De dorpspoliticus, die wellicht een dergelijk initiatief niet zag zitten, reageerde: 'Je hebt absoluut een punt en als je bereid bent om het door te zetten tot en met de Raad van State, dan maak je zeker een kans om de zaak te winnen.' Hoe elegant, want iedereen realiseerde zich meteen de jarenlange martelgang langs rechtbanken. Dit had de politicus gedaan: hij had het voorstel tot zijn extreme consequenties doorgetrokken zonder het af te breken. Het werd afgevoerd zonder gezichtsverlies.

Om dezelfde reden, namelijk om te vermijden dat mensen acuut in de verdediging gaan, is het nuttig om 'dit vind ik niet, want...' te vervangen door 'dit betekent... en daarom is het misschien niet het best mogelijke idee'. Als je een idee eerst verwerpt en dan pas je argumentatie voor de verwerping geeft, is het gevaar zeer groot dat er naar de argumentatie niet meer geluisterd wordt, omdat men al in de verdediging zit.

Een voor de hand liggende variant is het vervangen van 'het gevaar van je voorstel is...' door 'hoe kunnen we ervoor zorgen dat als gevolg van je voorstel... niet zus of zo gebeurt?'

Een laatste tip in deze reeks. Wanneer je iemand anders zichzelf hoort tegenspreken, is de neiging natuurlijk groot om daar met een nauwelijks onderdrukte grijns op te wijzen. Handiger is om de rollen om te draaien en zelf in de foute hoek te gaan zitten door te zeggen: 'Help me eens om dit te begrijpen...'

10.2.4 Minimaliseer je verzoek

Stel, iemand belt bij je aan en vraagt of je iets wilt geven voor het Koningin Wilhelminafonds. De persoon voegt eraan toe dat het niet uitmaakt hoeveel je geeft, ook al is het maar één eurocent. Op basis van onderzoek kun je verwachten dat deze formulering je bereidheid om wat te geven vrijwel verdubbelt. Intuïtief zou je denken dat mensen dan misschien wel sneller iets geven, maar dat het een kleiner bedrag zal zijn. Onderzoek toont aan dat het gemiddelde bedrag niet verandert.

In een bedrijf kun je zoiets ook makkelijk toepassen. Zoals geld een schaars goed is, is tijd dat evenzeer. Wanneer je met iemand die een overvolle agenda heeft een afspraak wilt maken, verhoog je je kansen aanzienlijk als je eraan toevoegt dat het niet langer dan vijf minuutjes hoeft te duren of dat het ook kan op weg naar het bedrijfsrestaurant. Als dat overleg voor jou belangrijk is en je kent dit techniekje, waarom zou je het dan niet gebruiken?

Een elegante vorm van minimaliseren bestaat eruit dat je een verzoek doet op een impliciete manier. Als je wilt dat iemand met een bepaald gedrag stopt of het verandert, spreek hem/haar daar dan niet direct op aan, maar formuleer een algemene stelling, bijvoorbeeld: 'Mensen zouden meer aan liefdadigheid moeten geven' roept veel minder weerstand op dan 'jij zou meer aan liefdadigheid moeten geven'. Wanneer je je de bespreking herinnert van *priming* in deel I van dit boek, weet je onmiddellijk waarom dit zo werkt.

10.2.5 Verander het tijdsperspectief

Een van de vreemde eigenschappen van het menselijke brein is dat we veel optimistischer zijn naar de verre toekomst dan op de korte termijn. Dit geeft ons een nieuwe mogelijkheid. Wanneer je mensen bereid wilt maken om hun tijd te investeren in het werken aan verbetering, is het wijs eerst stil te staan bij het gewenste eindresultaat en dan pas te kijken naar welke stappen er moeten worden gezet om dat te bereiken. Een dergelijke werkwijze zal minder weerstand oproepen dan wanneer je andersom werkt en uitgaat van de huidige problemen.

We kennen dit principe allemaal uit de reclamewereld. Het klinkt dan als: 'Koop nu, betaal later.'

10.2.6 Verhoog het zelfvertrouwen

Reclamelui kennen goed de kracht van autoriteit. Een manier waarop ze die gebruiken is door in advertenties autoriteitsfiguren op te voeren. We kennen allemaal wel de netjes gekapte heer in de witte jas die komt vertellen hoe weldadig steunzolen, voedingssupplementen of zelfs hondenbrokken zijn. Wanneer je mensen leert onderscheid te maken tussen echte autoriteiten die valide informatie brengen en nepautoriteiten, gebeurt er iets merkwaardigs. Enerzijds worden je studenten afkeriger tegenover nepinformatie, maar anderzijds worden ze veel ontvankelijker voor echte informatie. De reden is dat ze meer vertrouwen hebben in hun oordeelsvermogen en dus ook minder op hun hoede hoeven zijn dat ze bij de neus worden genomen.

Hetzelfde effect krijg je met alles wat het gevoel van eigenwaarde vergroot. Dit is een extra effect van het geven van complimenten. Soms is het effect nog veel subtieler.

Op de Yale-universiteit is men nagegaan wat de meest overtuigende manier was om vrouwen uit de risicogroep ertoe aan te zetten een mammografie te laten maken. Ze hebben drie varianten uitgeprobeerd. De eerste noemden ze neutraal of puur informatief. De kernboodschap was als volgt: 'Acht van de tien knobbels die worden gevonden, zijn geen borstkanker. Doe een mammografie.'

De tweede benadering speelde in op autoriteit: 'Acht van de tien knobbels die *een dokter* kan vinden, zijn geen borstkanker. *Dokters* raden aan: doe een mammografie.'

De derde deed een beroep op het eigen initiatief: 'Acht van de tien knobbels die *u* kunt vinden, zijn geen borstkanker. Het is *uw verantwoordelijkheid*: doe een mammografie.'

Als criterium van effectiviteit gold het percentage vrouwen dat zich binnen de zes maanden na de boodschap voor het onderzoek aanbood. Als er gewezen werd op de eigen verantwoordelijkheid, dit wil zeggen dat men uitging van de capaciteit van de vrouwen om hun eigen lot in handen te nemen, lag de successcore 20 procent hoger dan bij de neutrale situatie. De autoriteitsboodschap zat ertussenin.

Plaats iemand in de rol van expert

Iets anders wat je kunt doen om weerstand indirect aan te pakken, is dat je iemand in de rol plaatst van de expert. Wanneer je weet dat iemand jurist is, kun je zeggen: 'Ik weet dat je jurist bent en hoef je dus niet te vertellen hoe belangrijk het is dat dit... en dat...' of: 'Jij bent de laatste aan wie ik moet vertellen dat...' Op dat moment wordt het moeilijk voor de andere persoon om toch meer uitleg te vragen.

10.3 De koe bij de horens vatten

Een indirecte benadering is niet altijd mogelijk. Bijvoorbeeld, een politicus die tijdens een verkiezingsbijeenkomst alleen spreekt over hoe goed hij het met de samenleving voorheeft en hoe onbaatzuchtig zijn inspanningen zijn, komt weinig geloofwaardig over. De context bewijst overduidelijk het tegendeel van zijn bewering. Hij kan in dat geval maar beter dingen bij de naam noemen. Dan nog heeft hij echter de keuze om dit op een meer of minder doeltreffende manier te doen.

10.3.1 Geef garanties waar mogelijk

Een van de geniale vondsten van Sam Walton, de stichter van de Amerikaanse warenhuisketen Wal-Mart, is hun garantie. Nog steeds kun je in elke winkel de volgende tekst lezen:

> **Onze garantie**
>
> Als je niet tevreden bent met je aankoop om welke reden dan ook, zullen we hem vervangen of je je geld terugbetalen.
>
> Geen tijdslimiet.
> Geen uitzonderingen.

Je kunt je best voorstellen dat mensen uit zijn omgeving hem voor gek verklaarden toen hij met dit idee aankwam. Klanten zullen immers hele vrachtwagens spullen, ook gebruikte of versleten, terugbrengen en dat zou handenvol geld kosten.

Ongetwijfeld kost zo'n maatregel geld. Het succes van Wal-Mart toont echter aan dat de baten veel groter zijn. Klanten kunnen zich niet meer vergissen bij een aankoop en kopen dus veel meer dan ze normaliter zouden doen. Kijken we naar ons algemene model van gedrag als de resultante van twee tegengestelde krachten, namelijk de voordelen binnenhalen en de nadelen vermijden, dan zien we dat Wal-Mart het laatste aspect elimineert.

Een Belgisch variant met toch nog een specifiek trekje is deze van een keten van elektrozaken. Een van de elementen waarmee die publiciteit voert, is de garantie dat wanneer men een artikel heeft gekocht en men nadien hetzelfde artikel vindt voor een lagere prijs, het bedrijf het verschil terugbetaalt. Het is hetzelfde principe als hierboven: miskopen zijn uitgesloten. Het merkwaardige is dat hun prijzen relatief hoog zijn. Het resultaat is tweeledig. Mensen kopen makkelijker door de eventuele terugbetaling, maar slechts een klein gedeelte doet de moeite om na aankoop prijzen te vergelijken en terug naar de zaak te komen, zodat er heel wat wordt verkocht voor een relatief hoge prijs.

Hetzelfde mechanisme zie je bij pilot-projecten. Mensen stappen er relatief gemakkelijk in omdat ze geen risico lopen. Een pilot-project betekent namelijk altijd dat het een proef is die stopgezet wordt als hij niet het beoogde resultaat bereikt. Door in te stappen verbinden mensen zich dus niet voor nu en altijd. Tegelijkertijd maakt een pilot het mogelijk dat men aan den lijve de voordelen van de nieuwe aanpak ondervindt waardoor de kans op aanvaarding wordt vergroot.

10.3.2 Argumenteer tweezijdig

Als je weet dat je gesprekspartner weerstand zal tonen ten aanzien van je idee of voorstel, is het verstandig om hem voor te zijn. Elk voorstel zal zowel positieve als negatieve kanten hebben. Belicht niet alleen de positieve aspecten, maar ga ook in op de bezwaren, en weerleg die vervolgens. Dit kun je uiteraard alleen doen wanneer je je huiswerk gemaakt hebt. Dat doe je het best door in informele gesprekken de posities van de verschillende partijen te verkennen.

Voor het gesprek is dit een goede aanpak: inventariseer eerst alle bezwaren en noteer ze zodat je gesprekspartner zeker weet dat je erop terug zult komen. Behandel ze dan een voor een, beginnend met een bezwaar dat niet zo zwaar weegt. Ga dan over naar de bezwaren die belangrijker zijn. Toets telkens of je weerlegging je gesprekspartner geruststelt. Pas als hij voldoende gerustgesteld is, heb je een luisterend oor voor de voordelen van je idee of voorstel.

10.3.3 Geef weerstand bestaansrecht

Stel, je wilt een groep een verandering laten accepteren. Je weet dat niet iedereen op de verandering zit te wachten. De volgende werkwijze heb ik zelf nog nooit zien mislukken.

Zorg dat je voor in de zaal twee flip-overs hebt. Zodra de verandering inhoudelijk is toegelicht, zeg je iets in de trant van:

'Het zou heel vreemd zijn wanneer dit voorstel enkel maar voordelen heeft. Natuurlijk zijn er ook potentiële valkuilen. Laten we realistisch zijn en allereerst de tijd nemen om de mogelijke nadelen op te schrijven.' Je noteert dan op een flip-over uitputtend de potentiële nadelen.

Vervolgens: 'Het zou net zo vreemd zijn wanneer dit voorstel alleen nadelen heeft. Laten we de andere kant bekijken. Wat zijn potentieel de voordelen?' Ook deze noteer je uitputtend op de andere flip-over.

Dan: 'Hier is de opgave waarvoor we staan: hoe kunnen we de voordelen binnenhalen zonder dat de nadelen ons een spaak in het wiel steken?'

Je keert dan terug naar de eerste flip-over. Je laat de groep de vijf belangrijkste potentiële nadelen uitkiezen. Dan verdeel je je publiek in vijf groepjes en geeft aan elk ervan een van de aangewezen gevaren met als opdracht: 'Wat kunnen we doen om ervoor te zorgen dat dit nadeel niet opduikt, of dat we het heel snel kunnen counteren, zodanig dat we volop van de voordelen kunnen profiteren?'

De kracht van deze benadering bestaat eruit dat je respect toont voor het kritische denkvermogen van je publiek. Een tweede sleutel is dat je hen deel maakt van de oplossing, veeleer dan van het probleem. Hierdoor wordt hun houding ten opzichte van je voorstel altijd positiever.

Een andere vorm om weerstand bestaansrecht te geven door hem expliciet te benoemen, vinden we in volgend onderzoek.

Aan een universiteit geeft de decaan een boodschap die vervelend is voor de studenten. Ofwel gaat het om de verhoging van het collegegeld, ofwel over het duurder worden van parkeerplaatsen. Er wordt geëxperimenteerd met twee manieren om de boodschap te brengen. Eerst rechttoe-rechtaan. 'Als studenten iets meer collegegeld betaalden, zouden ze een veel betere opleiding kunnen krijgen.' In de variant krijgt men identiek dezelfde boodschap te horen met één verschil: 'Ik weet dat jullie het er niet mee eens zullen zijn, maar als studenten iets meer collegegeld betaalden, zouden ze een veel betere opleiding kunnen krijgen.' Na elk van de boodschappen kunnen studenten aangeven in welke mate ze het eens of oneens zijn. Geen van beide condities heeft als gevolg dat studenten plotseling juichend opveren, maar in de tweede conditie is de weerstand toch met de helft verminderd door hem te erkennen en expliciet te benoemen.

In het Engels is er een uitdrukking die zegt: '*What you resist, persists.*' Of: 'Wat je onder het tapijt probeert te vegen, wordt daardoor sterker.' Kennelijk is ook het tegenovergestelde waar: als je bestaansrecht geeft aan iets negatiefs, verliest het aan kracht.

10.3.4 Bied keuzemogelijkheden

Nogmaals terug naar het uitgangspunt: gedrag als resultante van twee tegengestelde krachten. Een elegante manier om met weerstand om te gaan, is anderen de kans geven om beide krachten tot hun recht te laten komen. Je kunt dit doen door keuzemogelijkheden aan te bieden. Liever dan één voorstel te doen, bied je drie alternatieven. Men kan dan zowel alternatieven afwijzen als voor één ervan positief kiezen. Als je publiek kennis van zaken heeft, kun je wel voorspellen welke van de drie wordt gekozen.

Er is één situatie waarin je deze strategie beter niet kunt gebruiken, zoals bij presentaties aan senior management, waarbij van je verwacht wordt dat je een aanbeveling doet. Geef dan geen alternatieven, maar zeg wat je vindt en waarom.

Een variant op het bieden van keuzes wordt soms *l'illusion du choix possible* genoemd. In deze situatie heeft de andere persoon ogenschijnlijk een keuze, maar heb je ervoor gezorgd dat de keuzemogelijkheden beperkt zijn.

Ken je de situatie waarin je vrijwel dagelijks in gevecht bent met je kinderen over wanneer het bedtijd is? Stel, bedtijd is om acht uur, dan wil je niet weten hoe vaak je om negen uur nog altijd een van je kinderen bij de koelkast vindt, 'want ze heeft honger'. Hier is wat je kunt overwegen.

Zeg haar: 'Ik ben het echt moe om elke avond met jou in discussie te gaan en ruzie te maken over bedtijd. Weet je wat? Kies zelf. Acht uur of kwart over acht, het maakt mij niet uit, je kiest zelf maar wanneer het is.' De kans is groot dat zij triomfantelijk lachend zegt: 'Kwart over acht.' Laat ze de triomf, wetende dat er rust in de tent is vanaf kwart over acht. Oh, en nog wat. Laat ze dit hoofdstuk niet lezen.

Zo passen chefs deze techniek toe: 'Denk je dat het rapport woensdag klaar kan zijn?' Vanaf dat moment kan de discussie hooguit nog gaan over woensdag of niet, maar één ding is zeker: je zult het doen.

Hier is een bijzonder elegante manier om hetzelfde principe toe te passen. Leid je verzoek in met een zinnetje als: 'Met uw goedvinden ga ik nu over op...' Als je naar de structuur van dit beginzinnetje kijkt, is het helemaal geen vraag, maar een constatering dat de ander het goed vindt. De kans dat hij vervolgens zegt dat het niet goed is, geloof me, is onbestaanbaar.

10.4 Hanteer de muleta

Zoals je weet gebruikt een stierenvechter een rode lap (de muleta) om de stier een richting op te sturen die de toreador zelf bepaalt. Hetzelfde principe kun je gebruiken om met weerstand om te gaan.

10.4.1 WEERSTAND AFLEIDEN

Afleiding zorgt ervoor dat je minder over de boodschap zelf nadenkt. Een zwakke boodschap wordt daardoor effectiever, maar een sterke boodschap boet aan kracht in. Afleiding is daarom goed voor een publiek met veel weerstand, maar kan heel schadelijk zijn voor een publiek dat positief staat tegenover de boodschap.

In bedrijfsculturen waarin PowerPoints met veel toeters en bellen belangrijk zijn, krijg je soms hetzelfde vervelende effect dat je ervaart wanneer je autorijdt en onderwijl belt. Je moet je aandacht verdelen over twee sets van informatie, namelijk inhoud en visuele gegevens. Zodra je aandacht verdeeld is, heb je minder aandacht voor de inhoud. Als de inhoud niet zo goed is, helpen veel toeters en bellen om dat te verbergen. Als de inhoud goed is, zorg er dan voor dat je de aandacht niet afleidt.

10.4.2 Weerstand verrassen
Trek de aandacht
Als je mensen om geld vraagt, kun je afhankelijk van je formulering drie verschillende resultaten krijgen. In de eerste conditie vraag je gewoon om wat kleingeld. Onderzoek toont aan dat 44 procent van de mensen dan bereid is je wat toe te stoppen. Als je het iets specifieker vraagt, namelijk of mensen je 20 eurocent kunnen geven, reageert 64 procent positief. Als je het nog verder drijft en bijvoorbeeld 37 eurocent vraagt, kun je erop rekenen dat 75 procent je dit bedrag ook geeft. Hoe specifieker je vraag is, des te meer mensen geneigd zijn om te denken dat je het wel voor iets heel specifieks nodig hebt.

Als je in een bedrijf de vergadering om 8.50 uur inplant, is de kans groot dat iedereen op tijd komt.

Een groot voedingsmiddelenbedrijf maakt van dit principe gebruik in zijn prijsstelling. Wanneer het bedrijf zelf inspraak heeft in de prijzen die ze voor hun producten vragen, werken ze nooit met afgeronde prijzen. Ze bepalen eerst de marge die ze willen en zetten daar nog iets bovenop. Voor de consument moeten prijzen die tot op de cent lijken uitgerekend, wel heel scherp zijn. Het voedingsmiddelenbedrijf krijgt zo niet alleen een extra marge, maar stimuleert ook nog eens de verkoop.

Creëer verwarring
Er bestaat een techniek die DTR wordt genoemd (*disrupt then reframe*). Het gaat erom dat je een klein, verwarrend element in je boodschap laat opduiken vlak voordat je je beïnvloedende boodschap formuleert. Een voorbeeld uit onderzoek:

Stel je voor dat iemand ansichtkaarten verkoopt voor een goed doel. Het klassieke verkooppraatje klinkt dan ongeveer als volgt: 'Ik verkoop deze acht kaarten voor een plaatselijk goed doel. De prijs is 3 euro. Het is een koopje.' Het kan ook anders: 'Ik verkoop deze acht kaarten voor een plaatselijk goed doel. De prijs is 300 cent. Het is een koopje.' De kans dat je de kaarten verkoopt, is bij de tweede strategie vrijwel twee keer zo groot.

Het mechanisme werkt als volgt: je bent even in verwarring. 'Waarom zegt hij nu 300 cent? Dat is toch 3 euro? Waarom zegt hij dat dan niet?' En terwijl je de puzzel tracht op te lossen, heb je geen energie meer over om kritisch te staan tegenover de boodschap dat het een koopje is. Zodoende.

Je moet eens in de gaten houden hoe tv-commercials worden gemaakt. Heel vaak gebeurt er iets totaal onverwachts en komt onmiddellijk nadien de reclameboodschap. Ik weet dat bij 's werelds grootste producent van consumentengoederen een vast criterium waarmee hun spots worden beoordeeld de vraag is: waar is de verrassing?

10.5 De toepassingen op een rijtje gezet

1. Laat in een discussie je echte voorstel voorafgaan door een paar voorstellen die in principe goed zijn maar niet werkbaar.
2. Tracht jouw onderwerp in de agenda van een vergadering zo te plaatsen dat het ofwel verschilt van wat voorafgaat ofwel volgt op een noodzakelijk maar eerder saai onderwerp.
3. Presenteer je voorstel als een dat gericht is op het oplossen van een probleem van je toehoorders en niet als een voorstel dat hen wil veranderen.
4. Maak je eerste vraag zo klein, dat hij niet kan worden afgewezen.
5. Breng jouw afwijkende mening als een opvatting die verder bouwt op wat iemand eerder heeft gezegd.
6. Geef waar mogelijk garanties.
7. Vergroot bij je doelgroep het vertrouwen in hun eigen oordeelsvermogen door hun te leren hoe het onderscheid te maken tussen reële en nepinformatie.
8. Etiketteer je publiek als expert die daardoor je boodschap naar waarde weet te schatten.
9. Erken weerstand als een teken van betrokkenheid.
10. Bied keuzemogelijkheden aan.
11. Benoem de weerstand expliciet.

Deel IV

Tactieken: hoe combineer je de verschillende strategieën?

Tot nu toe heb je een waaier van technieken de revue zien passeren en ken je ook de achtergrond ervan. Elk van de technieken kun je afzonderlijk gebruiken, maar het krachtigst zijn ze wanneer ze worden gecombineerd. Dit deel laat zien hoe je keuzes en combinaties kunt maken. Je zult ook zien welke beïnvloedingsdoelstellingen haalbaar zijn en welke veel minder. Hoewel elk van de technieken die we besproken hebben een grote mate van algemene geldigheid heeft, zijn sommige, afhankelijk van de situatie, toch veelbelovender dan andere. Er zijn er ook die je beter niet kunt gebruiken, omdat de kans groot is dat ze eerder een negatief effect hebben dan dat ze je vooruit helpen. Ook hier zul je inzicht in krijgen.

11 Wanneer kies je voor welke strategie?

11.1 Wat is haalbaar en wat niet, en bij wie?

Zowel alfa- als omegastrategieën dienen hetzelfde doel: je ideeën makkelijker laten accepteren. Ze hebben wel een ander aangrijpingspunt: alfastrategieën helpen je idee aantrekkelijker maken en zorgen ervoor dat het ja sterker wordt. Omegastrategieën verminderen de weerstand of het nee. De volgende vraag is: wanneer doe je een beroep op welke familie?

Hier is de vuistregel: wanneer bij de ander weerstand vooropstaat, gebruik je omega, als dit niet duidelijk het geval is, alfa.

Om het allemaal wat hanteerbaarder te maken, moeten we terug naar de aandeelhouderanalyse die je wellicht hebt gemaakt aan het begin van dit boek.

Aandeelhouderanalyse: focus je inspanningen

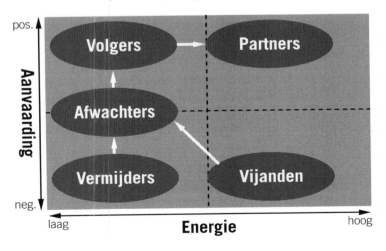

De pijlen geven aan welke verschuivingen mogelijk zijn. Je zult merken dat je niet rechtstreeks van Vijanden Partners kunt maken. Het zou natuurlijk bijzonder mooi zijn, mocht dat wel kunnen. Je moet je wel realiseren dat Vijanden al heel wat energie hebben gestopt in het 'tegen'-zijn. Dit betekent dat wanneer je plotseling verandert in Partners, dat wellicht gepaard gaat met gezichtsverlies, en daar zou ik maar niet op rekenen. In het beste geval kun je ze zo ver brengen dat ze even de kat uit de boom kijken en je het voordeel van de twijfel gunnen (Afwachters). Later kun je dan beslissen of ze nog verder beïnvloed moeten worden.

We zullen nu elke categorie van stakeholders de revue laten passeren. Dat wil niet zeggen dat je alle stakeholders moet benaderen. Sommige zijn belangrijker dan andere en je moet zuinig omspringen met je energie. Zoals de Engelsen zeggen: *pick your battles*. of: gebruik alleen energie wanneer je een belangrijk rendement van je inspanningen kunt verwachten.

Om deze selectie te maken geeft de aandeelhouderanalyse, zoals je die aan het begin hebt gemaakt, de aangrijpingspunten. Voor elke aandeelhouder heb je bepaald of hij een grote invloed had op je eindresultaat of niet. Bovendien heb je je de vraag gesteld of sommige stakeholders invloed hebben op anderen, in de zin dat wanneer zij 'bekeerd' zijn, anderen vanzelf zullen volgen. De vuistregel is dan: verschiet enkel je kruit op wie een grote impact heeft op je project en op diegenen die andere stakeholders meetrekken.

Meer gedetailleerd nu. Telkens wanneer we het hieronder hebben over veel of weinig invloed, betekent dit impact op jouw eindresultaat.

Benaderen van Vijanden
Weinig invloed: hou je er niet mee bezig, tenzij deze aandeelhouder een significante invloed heeft op andere stakeholders die elders zitten in de analyse.
Veel invloed: gebruik steeds omegastrategieën totdat ze een meer neutrale positie innemen.

Benaderen van Vermijders
Weinig invloed: hou je er niet mee bezig.

Veel invloed: gebruik omegastrategieën om ze te laten verschuiven naar Afwachters en vervolgens omega- en alfastrategieën om ze te laten verhuizen naar Volgers.

Benaderen van Afwachters
Weinig invloed: hou je er niet mee bezig.
Veel invloed: eerst omega- en dan alfastrategieën om ze te laten verschuiven naar Volgers of Partners.

Benaderen van Volgers
Weinig invloed: hou je er niet mee bezig, tenzij ze gemakkelijk beïnvloedbaar zijn door Vijanden.
Veel invloed: gebruik steeds alfastrategieën om er Partners van te maken.

Benaderen van Partners
Hou het partnerschap met hen op peil door ze voldoende waardering te geven. Van deze groep zul je het moeten hebben. Ga er niet van uit dat hun bondgenootschap vanzelfsprekend is en eeuwigdurend. Investeer in hen.
Je kunt hen inzetten voor het beïnvloeden van Volgers, Afwachters en Vermijders. Stuur hen alsjeblieft niet in de vuurlinie naar Vijanden, want Vijanden zijn precies wat hun naam suggereert: ze zullen je partners aanvallen. Het laatste wat je wenst, is dat je partners om hun enthousiasme worden bestraft door in een open mes te lopen en af te branden. Het beïnvloeden van Vijanden kun je beter zelf doen.

11.2 Welke strategie gebruik je bij welke sleutelfiguur, en welke zeker niet?

Je kunt je actieplan nog verfijnen door die stakeholders op wie je je wilt richten extra onder de loep te nemen. Je kunt dan kijken naar hun beslisstijl. Herinner je de indeling uit hoofdstuk IV. Hoe beslisstijlen zich verhouden tot beïnvloedingsstrategieën vind je in onderstaande tabel.

	Charismatisch	Denker	Scepticus	Stabili-sator	Processor
CENTRALE ROUTE	○	⊕	○	○	⊕
ALFA					
• Wederkerigheid	⊕	○	⊕	⊕	○
• Sociaal bewijs	⊖	○	⊖	⊕	⊖
• Consistentie	⊖	⊕	⊖	⊕	○
• Schaarste	⊕	○	○	○	⊖
OMEGA	○	⊕	⊕	○	○
Garanties	⊖	⊕	○	⊕	○

Hoe lees je de tabel? Een cirkel met een plusteken erin betekent dat je van deze techniek veel kunt verwachten. Een cirkel met een minteken betekent gevaar: wellicht zal het gebruik niet veel opleveren, behalve problemen. Als de cirkel wit en leeg is, kun je de techniek gebruiken. Hij heeft niet per se nadelen, maar je moet er ook niet erg veel van verwachten.

Je zult merken dat we de omegastrategieën als één geheel hebben beschouwd met uitzondering van het geven van garanties. De reden om deze laatste eruit te lichten is dat deze techniek beter niet gebruikt moet worden bij charismatische beslissers. Alle andere omegastrategieën zijn toepasbaar bij alle beslisstijlen.

11.3 Welke beïnvloeding kan in één keer en welke neemt tijd?

Mensen overtuigen van iets wat ingaat tegen wat ze vroeger dachten, is een proces dat niet in één keer verloopt. De reden hiervoor is te vinden in wat psychologen 'sociale evaluatie' noemen. De theorie gaat ervan uit dat elk van ons rond om het even wat we geloven een acceptatiezone heeft en een verwerpingszone. Telkens wanneer we nieuwe informatie horen, evalueren we deze onmiddellijk: geloven we wat we horen, dan valt het binnen de acceptatiezone; geloven we het niet, dan valt het in de verwerpingszone. Zodra de nieuwe informatie in een zone is ondergebracht, zorgt onze mentale bril ervoor dat we onszelf ervan overtuigen dat onze inschatting juist was.

Om het proces helemaal te begrijpen hebben we nog één motie nodig: het 'anker'. Dat is wat we op dit moment geloven. Het 'anker' ligt dus per definitie in de acceptatiezone.

Zones van sociale evaluatie

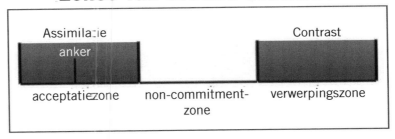

In relatie tot de acceptatie- en de verwerpingszone volgt beïnvloeding een klokvormige curve (zie pagina 220). Wanneer informatie samenvalt met het 'anker', en dus met wat we al geloven, dan is ze per definitie niet beïnvloedend. Onze opinie wordt enkel bevestigd, niet veranderd. Als nieuwe informatie te sterk verschilt van wat we geloven, valt ze in de verwerpingszone en ook dan is er geen beïnvloeding nodig. Men legt de informatie naast zich neer.

Wellicht herinner je je hoeveel er te doen was over de film *Fahrenheit 9/11*. Republikeinen waren bezorgd over het mogelijk negatieve effect ervan op hun kiezers. Naderhand bleek dat de invloed op Republikeinse kiezers verwaarloosbaar was, evenzo op Democratische kiezers, en dat hooguit de twijfelaars door de inhoud van de film werden geraakt. Tot gelijksoortige bevindingen kwam de Amerikaanse psycholoog Plous, die aan fervente voor- en tegenstanders van kernenergie dezelfde reeks krantenartikelen te lezen gaf over het ongeval in de centrale van Three

Mile Island. De artikelen gaven alle feitenmateriaal, inclusief dat over de slachtoffers op korte en lange termijn. Aangezien beide partijen met hetzelfde feitenmateriaal werden geconfronteerd, zou je kunnen verwachten dat deze informatie hun opinies dichter bij elkaar zou brengen. Het tegendeel was waar. De meerderheid van zowel voor- als tegenstanders nam na het lezen van de artikelen extremere standpunten in en elke groep kon perfect verantwoorden waarom. Dezelfde gegevens werden totaal anders geïnterpreteerd.

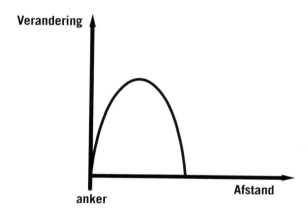

Nog een opmerking over de verwerpingszone. Deze wordt groter naarmate we sterker emotioneel betrokken zijn bij een onderwerp. Het volgende voorbeeld ken je wel: stel je hebt een zus met wie je zowat alles vrijuit kunt bespreken. Eén onderwerp is echter taboe, namelijk alles wat kritiek kan inhouden op hoe ze haar kinderen opvoedt. Voor dat punt is ze kennelijk overgevoelig, anders gezegd: heeft ze een grote verwerpingszone.

De toepassingen van sociale evaluatie liggen voor de hand. Eén ervan is dat je maar mondjesmaat iemand van idee kunt laten veranderen. Dat vraagt geduld. Het tweede is dat je eens te meer je huiswerk moet doen: onderzoeken waar extra gevoelige punten liggen (lange tenen, weet je wel) die ons moeten aanzetten tot grote omzichtigheid.

Nog een noot over timing
In organisaties is aandacht wellicht het meest schaarse goed. Om ingang te vinden, moet je boodschap beantwoorden aan een op dat moment gevoelde behoefte. We weten allemaal hoe het gaat: er is aandacht voor veiligheid wanneer er net een ongeval is gebeurd. Tot dan toe was veiligheid even belangrijk, maar nu pas is er aandacht voor en bereidheid om iets te veranderen. Op vele andere terreinen is het vaak net zo. Dit kan ons gemakkelijk een machteloos gevoel geven: moet er dan écht eerst een crisis zijn voordat iemand wat wil doen...? Helaas is het antwoord heel vaak ja.

Het is gruwelijk moeilijk om mensen te mobiliseren voor iets wat er nog niet is, hoe belangrijk het onderwerp ook is. Een crisis uitlokken is vaak ook niet het beste idee, evenmin schieten we er veel mee op om verongelijkt te roepen dat men eerder naar ons had moeten luisteren, 'dan zou men nu niet...'

De meest praktische consequentie van dit alles is wellicht dat je bereid moet zijn om steeds weer op hetzelfde punt te hameren zodat de geesten beetje bij beetje rijp gemaakt worden om iets te veranderen.

11.4 Een moeilijke keuze: werken aan de taak of aan de relatie?

Het lijkt wat op de vraag van de kip en het ei. Moet de relatie goed zijn om zaken met elkaar te kunnen doen of is het andersom: dat samen tot goede resultaten komen de relatie verbetert?

Het is geen groot geheim dat wantrouwen in de relatie je taak als beïnvloeder fors bemoeilijkt. Er is dan vanaf de overkant minder bereidheid om zich te laten beïnvloeden. Interpretaties over wederzijdse bedoelingen zijn gekleurd. Het nakomen van beloftes, het gewicht van het wisselgeld en de timing van het geven van wisselgeld zullen alle op een schaaltje worden gewogen. De kans is groot dat je partners zeer terughoudend zijn om zich aan je te verbinden. Wanneer ze dit toch doen, zijn ze bang dat ze er snel spijt van zullen krijgen en willen ze de verbintenis zo snel mogelijk terugdraaien.

De andere kant van de medaille is even waar. Als je erin slaagt om samen met je partners tot goede uitkomsten te komen, maakt het gezamenlijke succes jullie relatie hechter en verhoogt het de goodwill. Daardoor wordt toekomstige beïnvloeding veel makkelijker.

Het korte antwoord op de kip- en eivraag is het volgende: hou je bezig met de inhoud, tenzij de relatie echt slecht is.

Het volgende lijstje geeft je wat meer handvatten om in te schatten wat je eerste zorg moet zijn.

Kiezen voor een taak- of relatiebenadering

taak	relatie
Geen vijandigheid of slechts in geringe mate.	Vijandigheid is sterk.
Taak kan gerealiseerd worden ondanks vijandigheid.	Negatieve gevoelens blokkeren de taak.
Taak zal wellicht de wederzijdse gevoelens positief beïnvloeden.	Zelfs een succesvolle taak zal de gevoelens niet verbeteren.
Bedrijfscultuur ontmoedigt rechtstreekse communiatie.	Bedrijfscultuur moedigt rechtstreekse communicatie aan.
De ander kan slecht tegen directheid.	De ander waardeert directheid.
Je eigen stijl is indirect.	Je eigen stijl is direct.
Mislukken van de taak zou jullie beiden schade berokkenen.	Mislukken in de taak brengt de ander geen schade toe.

Wanneer wantrouwen domineert, laat je de taak misschien het best even voor wat hij is en hou je je expliciet met de relatie bezig. Je kunt hierbij kiezen voor het niveau waarop je dit aanpakt.

Op het meest wezenlijke niveau vraag je je allereerst af wat je eigen aandeel kan zijn in de negatieve sfeer (de negatieve attributiecirkel die eerder uitgelegd is kan daar een element in zijn). Verplaats je in de positie van de ander en begrijp de oorzaken van diens negatieve opstelling. Realiseer je dat heel weinig mensen negativiteit als hobby hebben. In hun perceptie moet er een goede reden aan ten grondslag liggen. Begin vervolgens met het bijsturen van je eigen gedrag. Dit is de enige variabele die je rechtstreeks onder controle hebt.

Overweeg om jullie werkrelatie en de gevolgen ervan voor de gemeenschappelijke taak met zo veel woorden aan de orde te stellen. Zorg er tot elke prijs voor dat je dat niet in een verwijtende sfeer doet: 'Jij bent het probleem,' 'Jij bent begonnen,' 'Stel je wat constructiever op, aub.'

Wanneer je een wat lichtere aanpak verkiest, kun je volgende dingen overwegen:
- Investeer tijd in informeel contact.
- Verstevig het gevoel van eigenwaarde van je gesprekspartner door hem te vragen je iets uit te leggen waarin hij speciale expertise heeft.
- Zorg ervoor dat je partner snel iets binnenhaalt.
- Voer de gesprekken op het territorium (ruimte) van je partner.

Welke strategie je ook kiest, gebruik ze alleen als je het echt meent.

11.5 Misschien de moeilijkste vraag van allemaal: hoe zorg je ervoor dat je je beïnvloedingskennis ook echt gebruikt?

Bekijk even dit formuletje:

$$G = c - i$$

G = gedrag, c = capaciteit, i = interferentie. Waar het voor staat is het volgende. Wat je feitelijk zult doen (G) met de inhoud van dit boek, hangt af van wat je over de materie kent en van je vaardigheden erin (samen c). De kennis heb je, de vaardigheden kun je alleen maar opdoen door te oefenen. Dit is ook waar de trainingen die we geven voor dienen.

Waar ik het wil over hebben, is de i en dat is hoe we onszelf soms in de weg staan en daardoor onze capaciteiten feitelijk verminderen. Er staat wel degelijk een minteken tussen de c en de i.

Eerst een voorbeeld.

Kortgeleden zei Sarah me dat ze prima uit de verf kwam wanneer ze vergaderingen leidde. Heel ad rem, heel gefocust, zorg voor zowel de inhoud als de relatie, kortom, meer kon ze niet verlangen. Wat haar stoorde was echter dat zodra ze deelnemer was aan vergaderingen en niet meer in de leidersstoel zat, ze nog heel weinig aan het woord kwam. Ze verdween als het ware in het behang, en vreemd genoeg was dat niet omdat ze zich geremd voelde om ertussen te komen, maar vooral omdat ze helemaal geen ideeën had, behalve dan na de vergadering. Haar vraag was hoe ik haar kon helpen om assertiever te worden. Op zich een vreemde vraag, want ze was best assertief wanneer ze op de voorzittersstoel zat. De vraag was dus niet om iets aan te leren wat ze niet had. Het was veel meer dat ze een deel van haar capaciteit niet meer tot haar beschikking had zodra de context veranderde.

Sarah werkte in een farmaceutisch bedrijf en had een flinke wetenschappelijke opleiding en veel ervaring. En dit is wat haar parten bleek te spelen. Wanneer ze als deelnemer in een vergadering zat, werd zonder dat ze het zelf in de gaten had een norm geactiveerd die zei: Als je de naam van wetenschapper waardig bent, zorg je ervoor dat je niets roept voor je er helemaal zeker van bent. Het spreekt vanzelf dat je volgens die gedragsregel niet altijd zomaar wat zegt.

Wat Sarah hinderde was dus niet een gebrek aan kennis of vaardigheid, maar een overtuiging over wat wel en niet kon of mocht.

Zolang je overtuigingen over beïnvloeding niet in lijn zijn met de kennis en de vaardigheid die je over dit onderwerp hebt, zullen je capaciteiten de facto totaal onbruikbaar zijn. Het is dus zeer de moeite waard om een aantal overtuigingen van jezelf te onderzoeken.

Beïnvloeding en manipulatie

Ik kan wel hopen dat je je bij het lezen van dit boek minstens tien maal de vraag hebt gesteld of dit allemaal wel koosjer was, in de zin van ethisch. Als dit niet zo was, zou ik me zorgen maken. Hou dit toch even tegen het licht.

Terug naar *Schindlers List* en de dialoog met de kampcommandant die we beschreven hebben. Zoals je je herinnert, gaat Schindler eerst ogenschijnlijk mee in de visie van de kampcommandant over macht. Hij gaat zelfs nog een stap verder door het begrip door te trekken naar de absolute macht van een keizer. Stel dat Schindler de visie en het gedrag van de kampcommandant met een zwaaiend vingertje had afgekeurd, dan was zijn lot vrij voorspelbaar gezien de macht van de kampcommandant. Manipuleert Schindler? Absoluut. Zou iemand daar een moreel bezwaar tegen hebben? Wellicht niet omdat het voor een goede zaak is. Daar raken we meteen de ethische dimensie van beïnvloeding.

Wanneer je mensen door hun rationeel inzicht heen beïnvloedt, is dat dan geen manipulatie? Beïnvloeding en het gebruik van beïnvloedingstechnieken hebben altijd te maken met manipulatie, maar of dat begrip een negatieve lading krijgt, hangt af van de intentie waarmee je beïnvloedt.

Ouders die hun kinderen opvoeden, zullen doelbewust hun waarden willen doorgeven. Als je wilt, is dit manipulatie. De reden is echter dat je je kinderen belangrijk genoeg vindt om hun de juiste waarden door te geven. Je intentie is dus om van hen sterkere en rijke mensen te maken. In de mate waarin die intentie voor jezelf zuiver is, heb je weinig reden om je over manipulatie zorgen te maken. Integendeel, precies omdat datgene wat op het spel staat zo belangrijk is, moet je alle zeilen bijzetten en alle technieken uit de kast halen om dat doel te bereiken. Doorgaans gebruiken we de term manipulatie voor situaties waarin iemand anders wordt gestuurd tegen zijn eigen belang in, of tot meerdere eer en glorie van de beïnvloeder. In het vervolg van het boek zullen we ervan uitgaan dat je met jezelf in het reine bent over je intentie en dat je beïnvloedt om redenen waar je ten volle achter kunt staan.

Ben je zelf je grootste tegenstander?
Wanneer je beïnvloeding niet verloopt zoals je had gehoopt of gewenst, kan dit aan veel dingen te wijten zijn. Aangezien je in interpersoonlijke beïnvloeding altijd zelf het belangrijkste instrument bent, kun je je allereerst afvragen of de barrières niet binnenin zitten. Hieronder vind je een checklistje van opvattingen waarmee je jezelf in de weg zou kunnen staan (groen en rijp door elkaar).

1. 'De ander is een etter.'
2. 'Beïnvloeden = manipuleren = onethisch.'
3. 'De waarden van de anderen erkennen = het ermee eens zijn.'
4. 'Ik heb wel wat beters te doen dan mijn eigen pr te verzorgen.'
5. 'Als ze mijn ideeën niet aanvaarden, dan is dat jammer... voor hen.'
6. 'Misschien doorzien ze mijn tactiek en dan ben ik nog veel verder van huis.'
7. 'Wat belangrijk is voor mij is belangrijk voor hen.'
8. 'Beïnvloeden = de ander te slim af zijn.'
9. 'Dit is allemaal bijzonder boeiend, ik wou dat ik er tijd voor had.'
10. 'In relaties moet je niet investeren, tenzij er problemen zijn.'
11. Jouw eigen favoriete overtuiging...

> Het is nuttiger om je kracht uit te bouwen dan je zwakte om te bouwen

Jezelf als beïnvloeder: als je je impact wilt vergroten, focus dan op je kracht
In het begin van dit boek zagen we hoe brillen het beeld dat we van anderen hebben bevestigen. Er is geen reden om aan te nemen dat dezelfde mechanismen niet zouden spelen bij het beeld dat we hebben van onszelf. Wellicht is het zo dat de grenzen van wat we feitelijk doen en kunnen voor een groot deel worden bepaald door wat we *geloven* dat we kunnen.

Omdat ons zelfbeeld een bepalende rol speelt in onze attitude en ons gedrag naar anderen toe, kunnen we ons beter eerst onderwerpen aan een kritische zelfanalyse voordat we allerlei beïnvloedingstechnieken gaan toepassen.

In de psychologie is er vrij recentelijk een stroming ontstaan die het uitgangspunt van veel psychologisch onderzoek in twijfel trekt. Professor Martin E.P. Seligman van de universiteit van Pennsylvania realiseerde zich voor het eerst hoeveel onderzoek in psychologie uitgaat van deficiënte situaties, namelijk wanneer er iets misgaat in ons hoofd. Hij zocht een waterdicht bewijs voor zijn sterke vermoeden en ging op een bepaald moment na hoeveel artikelen er in de wetenschappelijke literatuur werden gepubliceerd over depressie en hoeveel over geluk, ook een niet onbelangrijk gegeven. De verhouding lag in de orde van ongeveer 70.000 op 70. Uiteraard was het niet zijn bedoeling om de hoeveelheid onderzoek naar depressie in twijfel te trekken, maar wel de reden voor deze onbalans. Hij vroeg zich af waarom geluk en positieve kenmerken niet even belangrijke onderzoeksvragen zijn. Wanneer je geluk kunt ontrafelen, kom je misschien tot parameters die nuttig zijn om geluk te bevorderen. Uit onderzoek van probleemsituaties leid je alleen af wat een normale situatie behoort te zijn. Impliciet doe je dus alleen de stap van deficiënt naar normaal. Wanneer je die normale situatie eenmaal hebt bereikt, en er geen sprake meer is van een pathologie, mag je tevreden zijn. Dat is op zich een heel vreemde redenering, want we leven toch niet om géén pathologie te hebben? Streven we niet allemaal naar een gelukkig, interessant en rijk leven? Vreemd genoeg wordt dat aspect in psychologisch onderzoek eerder verwaarloosd.

In de managementliteratuur wijst onderzoek van Gallup, wereldwijd de grootste organisatie inzake opinieonderzoek, in dezelfde richting. Door de jaren heen peilden ze wereldwijd bij meer dan 100.000 succesvolle managers naar wat hen succesvol maakte. Ze kwamen daarbij tot een reeks van 34 talenten die ze als universeel beschouwen. Dit gegeven op zich is niet eens zo belangwekkend. Er zijn wel meer sets van kritische competenties. Belangrijker is de bevinding dat de ondervraagde managers in hoge mate het idee afwezen dat talenten maakbaar zijn. De redenering is dan de volgende: als kind van drie jaar hebben we twee keer zo veel verbindingen tussen hersencellen als als kind van zes jaar.

Tijdens onze ontwikkeling selecteren we informatie en specialiseren we ons gaandeweg. Dat selectie- en specialiseringsproces baant letterlijk verbindingen in onze hersenen. Hoe vaker een verbinding wordt doorlopen, des te breder (en dit mag je letterlijk nemen) de verbinding wordt. Een weg die we al eens gelopen hebben, lopen we makkelijker nog eens. Die verbindingen gaan eruitzien als autosnelwegen die je via een rechte lijn snel van het ene naar het andere punt brengen. De verbindingen die je niet of nauwelijks gebruikt, blijven niet meer dan binnenweggetjes. Als je die binnenweggetjes daarna wilt ombouwen tot autosnelwegen, sta je voor een zware opgave waarin je heel veel tijd en energie zult moeten investeren.

Het huidige competentiemanagement richt zich vooral op de kritische competenties die je nodig hebt om een bepaalde functie uit te oefenen. Via een *gap*-analyse wordt nagegaan over welke competenties je beschikt en hoever je afstaat van het vereiste profiel. Het ultieme doel is dan om die afstand te overbruggen of de kloof te dichten. Waar je tekortschiet, zul je dus moeten bijschaven. Die denkwijze sluit in zeker opzicht aan bij een medisch model. Via een diagnose bepaalt de arts welke ziekte je hebt om vervolgens tekorten op te vangen of disfuncties te herstellen.

In het management is er niets mis mee om knelpunten aan te duiden en die dan weg te werken. Als het echter gaat over gedrag en attitudes van mensen, roept die strategie toch vragen op. Je gaat impliciet uit van de maakbaarheid van de mens die, als hij maar wil en het juiste middel aangereikt krijgt, elke kloof kan dichten. Dat je je zwakke kanten kunt opsporen en bijspijkeren is op zich een geruststellende gedachte. Het is echter de vraag hoever je daarmee komt.

Die vraag is des te belangrijker, omdat elk van ons maar een beperkte hoeveelheid tijd en energie te besteden heeft. Waarin investeer je die dan het best? Heel duidelijk daar waar je het grootste rendement verwacht. Maar waar is dat dan? Kun je het beste investeren in het vinden van manieren om je sterke kanten nog beter te gebruiken of in manieren om je zwakke kanten bij te spijkeren? De positie van mensen bij Gallup is zeer helder:

1. Haal meer uit je sterktes: een kleine extra investering levert een exponentieel groot resultaat op.
2. Vraag je af of talenten die je niet hebt, bepalend zijn voor je succes.
3. Niet-talenten die niet bepalend zijn, zijn marginaal. Maak je er geen zorgen over.
4. Niet-talenten die wel bepalend zijn, kun je zwaktes noemen. Probeer de schade ervan te beperken zonder jezelf op te leggen het meesterschap op deze terreinen te bereiken. Je zult vrijwel zeker veel energie investeren met een proportioneel kleine (maar misschien noodzakelijke) verbetering als resultaat.

Wie zich enige tijd met management-development heeft beziggehouden, vindt zich wellicht gemakkelijk in deze redenering.

Wanneer we een lijstje maken van onze sterke en zwakke punten op het vlak van beïnvloeden, hoeft het ons niet te verwonderen dat we sneller tot een lijst van zwakke punten komen. Een reden daarvoor is dat we onze sterke kanten vaak als vanzelfsprekend beschouwen. Een andere reden is dat we van jongs af aan worden gestimuleerd om beter te worden en dat is meestal anders dan wat we zijn. Ontegensprekelijk helpt dit ons om te groeien. Het is geenszins mijn bedoeling om je tsjakkaaa! wild op de borst te laten slaan hoe fantastisch je jezelf wel vindt. Het pleidooi is wel om realistisch te zijn: geef bestaansrecht aan je sterktes en je zwaktes, en spendeer energie daar waar ze het meest opbrengt.

Als je je sterke kanten in kaart wilt brengen, kun je gebruikmaken van de vragenlijst van Seligman, die je vindt op www.authentichappiness.sas.upenn.edu/testcenter.aspx. De test is gebaseerd op een geheel van 24 universele sterktes. Wanneer je eenmaal je sterke kanten hebt geïdentificeerd, kun je ze verder ontwikkelen op een manier die bewezen succesvol is.

Om deze manier te vinden liet Seligman de helft van een groep proefpersonen gedurende een week dagelijks elk van hun vijf sterkste kanten bewust toepassen in een klein actiepunt. De andere helft van de proefgroep werd gevraagd aan het einde van elke dag een dagboeknotitie te maken over om het even wat. Op zich was deze laatste opdracht irrelevant. Later deed hij bij de twee groepen metingen rond optimisme, geluk en zelfbeeld. De metingen vonden plaats onmiddellijk na de proefweek, na twee weken, na een maand, na drie maanden en na zes maanden. Tot en met zes maanden na de proefweek stelde hij significant hogere resultaten vast op de drie parameters bij de groep die één week met zijn sterke kanten aan de slag was geweest. Je kunt dit voor jezelf testen door gedurende één week je sterke kanten op nieuwe manieren in praktijk te brengen en te laten floreren.

Wanneer nieuwsgierigheid je sterkste competentie is, probeer dan eens een gesprek aan te knopen met een totaal onbekende die je onder normale omstandigheden nooit zou aanspreken, bijvoorbeeld in de trein. Gun jezelf dit plezier en wees creatief in de toepassing ervan. Je zult verbaasd zijn over het effect op jezelf en je omgeving.

Veel plezier ermee.

Dankwoord

Ik heb het voorrecht een ongemeen boeiend vak te kunnen beoefenen. Ik kan bezig zijn met de mens en hoe die zich gedraagt in het complexe speelveld van organisaties. Mijn werk brengt me in contact met vaak uitzonderlijk begaafde mensen in een veelheid van sectoren. Het brengt mij over de hele wereld.

Bovendien werk ik met een groep van stimulerende, maar ook heel leuke collega's. Ze hebben mij vaker dan mij soms lief was aangepord dit boek te schrijven. Ik ben ze hier dankbaar voor. Bedankt Ben Branders, Daan Busschots, Helena Campens, Els Colruyt, Marc Debisschop, Jasper Deneut, Kathleen Howard, Julie Laloo, Greet Moons, en Adri Van der Vurst.

Bedankt aan Salah Campens voor het uitwerken van het manuscript.

Speciale dank aan de heer Guy Bijnens van de firma Tokai Optecs voor de uitzonderlijk bereidwillige en deskundige hulp bij het opzetten van optische experimenten.

Bedankt aan Uitgeverij het Spectrum en Volkskrant Banen voor het uitgeven.

Als je meer over ons werk wil weten, neem dan een kijkje op www.kenaz.org.